超高齢社会の基礎知識

鈴木隆雄

講談社現代新書
2138

はじめに

噴出する高齢者問題

地球温暖化のせいなのだろうか、ここ数年、暑い夏が続く。とりわけ二〇一〇（平成二十二）年は酷暑であった。

当時、世間の耳目を集めるさまざまな高齢者の問題が噴出した。

まず、多くの高齢者が熱中症で亡くなった。

消防庁による全国データでは、熱中症救急搬送例の合計は五万六千百二十八人（同年五月三十一日〜九月三十日）。その内訳を見ると男性が女性の二倍であり、年齢別では男女ともに六十五歳以上の高齢者に大きなピークが見られた。

高齢者だけの世帯では、気温や栄養、水分摂取に注意するのはむずかしく、また認知機能の低下がある場合にはエアコン操作すら困難になる。熱中症に弱いというよりも、環境変化に脆弱《ぜいじゃく》な高齢者像が浮かび上がった。

翌二〇一一（平成二十三）年三月十一日に発生した東日本大震災において、この問題はあらためて浮き彫りになった。高齢者がいかに災害やその後の避難所生活において脆弱な災害弱者であるかをわれわれは知らされた。

熱中症で亡くなる高齢者のあとに大きな問題となったのは、百歳以上の高齢者も含めて行方不明高齢者がそれこそ全国でゾロゾロと出てきたことである。

これに関連して、ほとんどすべての自治体で戸籍の確認調査がおこなわれ、その結果戸籍上の最高齢者は長崎県壱岐市の男性であり、彼は江戸時代の文化七（すなわち一八一〇）年に生まれ、つまり生存していれば二百歳を超えるという、ありえない珍事が明らかとなったのである。

原因は戸籍の抹消には死亡届が提出されてからという戸籍法の定めにあるのだが、それにしても、あまりにも常識とかけ離れたできごとであることに唖然《あぜん》とする。しかしこの問題はたんに戸籍の不備に矮小化《わいしょうか》すべきことではない。問題の本質は「ヒトは百十五歳ころまでには必ず死ぬ」というあたりまえの、しかし厳然たる事実をなぜか社会全体が直視していないことにある。

院内感染と孤独死

同じように高齢者の死にかかわる問題として、もうひとつ見逃せない問題は、高齢者医療を中心とした病院や特別養護老人ホーム（特養）などの老人施設などに発生した院内感染による死亡である。

二〇一〇年の夏には、多剤耐性細菌アシネトバクターによる院内感染が東京都内の大学病院や高齢者のための専門病院などで発生し、十名程の高齢者が死亡した。この問題は、高齢者と医療について考えるべき、じつに多くの課題を含んでいる。

多くの人びとは、病院は清潔であり、命を救う最後の砦《とりで》と考えがちである。たしかにそういった面は存在する。しかし、一方で病院はさまざまな患者が混在して感染症を含むさまざまな病気で入ってくる場であり、それとともに生と死が隣り合う、いうなればつねに死のリスクがつきまとう場なのである。

別に院内感染があってあたりまえというつもりはないが、どんなに管理体制を厳格化したとしても、元来免疫機能の低下した高齢者にはもっとも危険性の高い場であることは否定できない。戸籍の問題でも述べたが、ヒトは必ず死ぬものである。死と隣り合う病院で生命を永らえる喜びもあれば、感染症を始めとする多くの病気で不幸な結果となることもまた日常的にありうることなのである。それが、病院側の体制不備として糾弾されるだけの「事件」として片づけられるのは、たんに浅薄なメディアの病理というだけでなく、人生晩年における医療のありかたや生と死という本質を見落としていることにほかならない。

さらにまた、孤独死といわれる独居高齢者の人生最期のありかたも、大きく取り上げられたことは記憶に新しい。一方で家族に迷惑をかけずに「ピンピンコロリ」が理想といいながら、孤独死に代表されるような、ひとりでコロリと死ぬ死や突然の事故死には強い忌避感を示す。いったい日本人はどういう死にかたを求めているのだろうか。

できるだけ科学的根拠を用いて

いずれにしても世界に冠たる長寿大国と呼ばれる日本の高齢者の生命と尊厳にかかわる事件ばかりであるが、なぜこのような老・病・死にかかわる痛ましいできごとが頻々《ひんぴん》と起こるのか？

高齢者にかかわる家族や地域社会のありかた、そして安心・安全であるべき社会制度も揺れ、行き先の不透明さが加速しているように思えてならない。とくに高齢者をめぐる社会保障制度のなかで、もっとも重要な柱である医療と介護に国民の安心感が失われているのではないか……。

今後ますます加速する高齢社会のありかたを考えるさい、経済的あるいは財政的問題もさることながら、以下のような点について、根本的に考えてみるべきだろう。

・近未来の日本の高齢者とはいったいどのような特性をもつ人びと（集団）なのか？
・彼らの健康水準はどう変わってきたのか？
・今後、急速に増加する「後期高齢者」とはどういう集団なのか？
・病気と介護はどのような論理で整理すべきなのか？
・完治をめざす（病院中心の）医療から支え癒す（地域や在宅中心の）医療とはどういう意味をもつのか？

いずれもが相互に複雑に交錯した問題であるが、それらの現状と課題を整理し、できるだけ科学的根拠を用いて、今後の高齢者の保健（予防）、医療（治療）、福祉（ケア）のありよう、そして老いて暮らすことへの安心感を取り戻すための、もっとも基本となるグランドデザインの一部だけでも描いてみようと思う。

目次

第一章　二〇三〇年超高齢社会のニッポン

1 「高齢社会」の高齢化

高度経済成長以降

日本人の平均寿命は、一九六〇年代には欧米先進諸国とほぼ同じ程度であった。その後高度経済成長による国民一人ひとりの経済状況の向上や、日々の生活のさまざまな改善が着実に健康水準の上昇に結びついた。

食生活ひとつを例にとっても、米と食塩の摂取が減少し、かわって乳類や肉類の摂取が増加し、栄養のバランスが良くなったことが、日本人の平均寿命の驚異的な延伸に寄与したといっても過言ではない。また同時に、各家庭には冷蔵庫が普及し食品の安全な保存技術も向上したことが、かつては日本人特有とまで考えられていた胃がんによる死亡を大きく減少させたのである。

このような個人—家庭—地域—社会のすべてにおいて、日常生活と衛生面でのインフラの整備や健康情報の浸透など公衆衛生の水準向上が着実に図られてきた。一方で、国民への社会保障、すなわち公的医療保険制度(国民皆保険)を中心とした保健・医療のシステムを効率的・効果的に運用する制度の整備と充実も進んだ。これらを背景として一九八〇年代には、男女とも平均寿命が欧米の水準を超え、世界でも類を見ない早さで長寿大国へと進行してきたのである。

これからも日本社会の高齢化は進行する。しかし今後の高齢化の内容はこれまでとは明らかに異なった高齢化である。いままでは、いわば若かった国民全体が高齢化し「高齢社会」となった。しかし今後は高齢化した社会がさらに高齢化する「超高齢社会」になる。なぜなら、よく知られるように著しい少子化も同時に進行しているからである。

日本特有の「超高齢社会」の輪郭が明確となるのは、いまからほぼ二十年後の二〇三〇年ころであるが、ここではそのときのわが国の姿を人口推計のデータを中心に紹介しておこう。

カナダの総人口に匹敵する

人口学的には、総人口のなかで六十五歳以上の高齢者の割合が増加することを高齢化という。さらに高齢者人口が全人口の七パーセントを超えると「高齢化社会」といい、その二倍の一四パーセントを超えると「高齢社会」、さらにその三倍の二一パーセントを超えた社会を「超高齢社会」と呼んでいる。

国	高齢者人口の到達年		所要年数(年)
	7%	14%	
日本	1970	1994	24
フランス	1865	1979	114
スウェーデン	1890	1972	82
ドイツ	1930	1972	42
イギリス	1930	1976	46
イタリア	1935	1990	55
アメリカ	1945	2014	69

表1−1　高齢化速度の国際比較
日本はわずか24年で「高齢社会」となった

上の表1−1をご覧いただければ明らかなように、わが国では高齢者人口が七パーセントから一四パーセントとなるまでの期間が短かった。すなわち「高齢化社会」から「高齢社会」への変化が他の欧米諸国に比べてきわめて急速であり（欧米諸国ではもっとも早いドイツでも四十二年かかっている）、それは高齢社会への「移行」というより「突入」ともいうべきものだった。

現在のわが国の高齢化率は二二パーセントを優に超えて二三・一パーセントとなり、すでに十分進行した超高齢社会となっている。

二〇一〇（平成二十二）年、わが国の六十五歳以上の高齢者人口はおよそ二千九百五十八万人であるが、これはカナダの総人口約三千四百十一万人にも匹敵する数なのである。

あと二十年もしないうちに

よく高齢者の医療や福祉施策を語るさいに北欧モデルなどといわれ、スウェーデンやデンマークなどの北欧諸国の制度が引き合いに出されるが、それらの国々の全人口はたかだか五百万～九百万人ほどであり、これはわが国の七十五歳以上の後期高齢者数（約一千四百三十万人）にもはるかに及ばない数である。

したがって、たとえさまざまな指標で人口当たり（割合）とかＧＤＰ（国内総生産）比で単純に比較することは可能ではあるものの、情報の伝達の浸透度やサービス提供の内容とそのありかた、あるいは受け手である高齢者側の考えかたの幅の広さなど、具体的な高齢者への施策の実施における約三千万人という人口の量（マス）の大きさには特有の問題点があることを認識する必要がある。

この点で考えると平均寿命もまた同じで、小さな国や地域が長寿を達成することとは異なり、これだけの巨大なマスの高齢者人口を有する日本の平均寿命の世界トップクラスというのは、国民として十分に誇ることのできるわが国の成果なのである。

今後わが国はますます高齢化が加速し、高齢化社会となる七パーセントの四倍化（二八パーセント）が達成されるのは二〇三〇年ころと推定されている。あと二十年もしないうちに、一段と高齢化が進行した社会を迎えることになるのである。このような社会は超々高

	2005年	2030年	2055年
総人口（人）	1億2777万	1億1522万	8993万
15歳未満	1758万	1115万	752万
15–64歳	8442万	6740万	4595万
65歳以上	2576万	3667万	3646万
（高齢化率%）	(20.2)	(31.8)	(40.5)
年間出生者数（人）	109万	69.5万	45.7万
（出生率）	(1.26)	(1.24)	(1.26)

表1–2　総人口と高齢化率の推移

齢社会と呼ばれても不思議はない。

じつはこの二〇三〇年という時代は、いろいろな意味でわれわれはもちろん、世界のどの国も経験したことのない社会であり、それはたんに高齢者だけが、推計で三千五百万人超へと増加するだけでなく、現在の出生率（合計特殊出生率）の低さから見ても一段と少子高齢化の進行した社会であり、さらに高齢者といってもより高齢の高齢者、すなわち七十五歳以上の後期高齢者が急増した超高齢社会となることはほぼ確定的である。これが先に述べた高齢社会の高齢化ということなのである。

ここでは二〇三〇年ころの超々高齢社会とは、どういう社会なのか、まずは人口学的な数字（表1–2）とともに高齢者の保健・医療・福祉にかかわる（かなり確実と考えられる）推計値で紹介してみよう。

2　増えつづける老人たち

まず、総人口が減少する

社会を高齢化させる要因のひとつは出生率の低下である。

出生率、なかでも十五歳から四十九歳の女性の年齢別出生率の合計である合計特殊出生率は、一人の女性が平均して、一生のあいだに何人の子どもを産むかを示す指標であり、将来の人口の目安となる。

すなわちこの合計特殊出生率が、二・〇であれば将来人口は横ばい、二・〇以上が自然増、二・〇以下が自然減となる。

わが国では一九七〇年代後半にはすでに二・〇を下回り、一九九〇年以降二十年以上にわたり一・二〜一・五とずっとその低い値が持続している。ちなみに二〇一〇（平成二十二）年は一・三九であった。

このため、すでに二〇〇七年ころから総人口が減少しはじめている。実際の数値で見ると、総人口（実績値）が、

二〇〇五年……一億二千七百七十七万人

であったものが、

二〇〇九年……一億二千七百五十一万人

へと減少し、さらに今後の推計値として、

二〇三〇年……一億一千五百二十二万人

と、およそ一千二百万人以上の人口減となるのである。

単身高齢者の急増

一方、総人口の減少とは逆に、高齢者人口あるいは総人口に占める高齢者の割合は大幅に増加する。なかでも七十五歳以上の後期高齢者が急増することが見こまれる。

現在の後期高齢者人口（割合）……………一千四百三十万人（一一・二パーセント）

二〇三〇年ころの後期高齢者人口（割合）…二千二百七十万人（一九・七パーセント）

割合でいえば、ほぼ倍増である。

この大きな原因は第二次世界大戦後の一九四六年から五〇年ころに出生した、いわゆるベビーブーム世代が高齢化するからである。とくに二〇三〇年ころには、そのベビーブーム世代が死亡ピーク年齢を迎えるころに相当する。

このことはあとでくわしく述べることになるが、さまざまな生活にかかわる健康の視点から見て高齢者を単純に一括《ひとくく》りにすることはできない時代となっている。

もちろん現在でもそれは明らかで、今後はとくに男性、女性という区分けの他にどうしても前期高齢者そして後期高齢者という、おおよその年齢区分に応じて、おのおのの健康特性にもとづいた保健・医療・福祉の概念（ありよう）と適切な対策が必須となる。

具体的には高齢者に対応する医療制度はいうまでもなく、要介護高齢者さらには認知症高齢者にたいする科学的根拠にもとづく施策の立案とその効果的な実行が不可欠となるだろう。

かつてのわが国では、高齢者は三世代同居の形態が多かった。

たとえば六十五歳以上の者のいる世帯数、およびその構成割合の推移を国民生活基礎調査で見ると、一九七九年には総世帯数一千七十七万世帯のうち、

三世代同居……………四〇・七パーセント
単身世帯………………一四・八パーセント

であったものが、三十年後の二〇〇九年には総世帯数二千十二万世帯のうち、

三世代同居……………一七・五パーセント
単身世帯………………二三・〇パーセント

と比率が逆転しているのである。
さらに二〇〇九年では、
単身高齢者世帯…………二三・〇パーセント
高齢者夫婦のみの世帯……三〇・〇パーセント
と高齢者だけの世帯が五〇パーセントを超えている。
今後この傾向はさらに上昇し、世帯主が六十五歳以上の世帯が、
二〇〇九年……一千五百六十八万世帯
二〇三〇年……一千九百三万世帯
へと増加する。そして二〇三〇年には、
単身高齢者世帯…………三八パーセント
高齢者夫婦のみの世帯……三〇パーセント
となり、今後単身高齢者が急増してゆくことが想定されている。
また、二〇一〇年の七十五歳以上の後期高齢者での配偶関係を見ると、
「有配偶」の男性…………七八・五パーセント
「未婚・死別・離別」の男性……二一・五パーセント
にたいして、

「有配偶」の女性……………………三三・一パーセント
「未婚・死別・離別」の女性……六六・八パーセント

と著しい差があり、後期高齢女性において配偶者をもたない者の割合が大きい。今後もこの傾向は続くものと考えられる。

これら単身高齢者や後期高齢女性での非配偶化の増加は、高齢者の自立と尊厳を尊重する一方で、見守りやインフォーマルな支援といった社会的支援（ソーシャルサポート）、高齢者の閉じこもりや孤立の防止などを地域（コミュニティ）でどのように作り上げてゆくのかという今後の超高齢社会のもっとも重要な課題を内包している。

都市部の「限界集落」化

今後の高齢者人口の増加は、わが国で均一に生じるのでなく、大きな地域差が存在する。すなわち東京を中心とする首都圏や大阪といった大都市圏で、より大幅に高齢者人口が増加する。

総務省のおこなった国勢調査（二〇〇五年）と国立社会保障・人口問題研究所の都道府県別の将来推計人口（二〇二五年）から高齢者人口の増加を見てみよう。

全国平均では二〇〇五年から二〇二五年にかけて五十五万人から七十四万人と三五パー

セント増加にたいし、最大の増加が見こまれるのが埼玉県で百九万人から百九十六万人という八〇パーセントの激増である。

同様に千葉県は七一パーセント増、神奈川県は六〇パーセント増と、首都圏では全国平均を著しく上回る高齢化が予測されている。

ちなみに、大阪府は百五十五万人から二百十九万人と六十四万人（四一パーセント）増で、東京都では二百二十三万人から三百八万人と八十五万人（三八パーセント）増と、いずれも全国平均を上回って高齢化が進行するのである。

このような大都市圏での高齢者の絶対数の増加、あるいは著しい高齢化にともない、大都市特有の高齢者問題が顕在化してくる。

それは、なによりも「住まい」、あるいは「居住形態」の問題である。大都市特有の団地の超高齢化や独居高齢者の急増とそれにともなう閉じこもりや孤独死の増加が懸念される。さらに高齢者、とくに虚弱の進行した後期高齢者への支援や介護サービス量の大幅な増加にたいする有効な対応策を生み出していかなければならない。

一方、地方では高齢化率は今後もほとんど増加しない。というよりも、すでに地方では過疎化が極限まで進行し、コミュニティが成り立たなくなっている地域も少なくない。すなわち、こんにちの地方の農山村では若者の都市への流出とあいまって高齢化が進み、六十五歳以上の高齢者が半数を超える「限界集落」となって、さらに人口は減少する。

「限界集落」では一般に活発な産業の育成や発展は困難となり、生活の潤滑油である金の流れ（キャッシュフロー）は滞ることになる。いわば「ヒト、モノ、カネ」の空洞化が、コミュニティそのものを危うくしている。

じつは、このような地方での過疎化は、今後大都市においても進行する可能性が大きい。

3　いま、団塊の世代は元気だけれど……

高齢者の健康度はピークに達するが……

高齢者の総合的な健康度とは「日々の生活における自立能力」ということができる。高齢者が独力で家庭生活や社会とのつながりを維持する能力と言い換えてもよい。

こうした能力は、ふつう「老研式活動能力指標」という指標（十三点満点）で測定されている（二五ページ表1－3）。「老研」とは東京都老人総合研究所（現・地方独立行政法人東京都健康長寿医療センター研究所）の略称である。ここはわが国でも老化に関する研究に先駆的に取り組んできた研究機関であるが、高齢者の健康＝自立能力についても同一地域での在宅高齢者を対象として二十年以上も経時的に測定してきている。

図1-1はその同一地域に住む七十歳以上の高齢者について一九八八年、一九九八年そして二〇〇八年と二十年間にわたり老研式活動能力指標を用いて、その健康度の推移を示したものである。

これを見ると男女ともに一九八八年の高齢者から見て、十年後（一九九八年）の高齢者、そして二十年後（二〇〇八年）の高齢者での生活機能すなわち健康度は着実に上昇していることがわかる（とくに女性の改善が著しい）。今後も当分（少なくとも団塊の世代が高齢者集団の中核である間）は高齢者の健康度は上昇しつづける。その理由はあとでも触れることになるが、団塊の世代の健康度は相対的に高いからである。

しかし、二〇三〇年ころをピークとしてその後の高齢者の健康度は（学童期の運動能力データや職域における健診の有所見率データの推移から見て）徐々に低下することが予測されている。したがって二〇三〇年ころまでは、少なくとも前期高齢者はかなり元気な集団と推定されているが、七十五歳以上の後期高齢者を中心として虚弱高齢者が増加し、さらに二〇三〇年以降の高齢者全体の健康度の低下は避けられないと思われる。

手段的自立	(1)バスや電車を使ってひとりで外出できますか	1.はい 0.いいえ
	(2)日用品の買い物ができますか	1.はい 0.いいえ
	(3)自分で食事の用意ができますか	1.はい 0.いいえ
	(4)請求書の支払いができますか	1.はい 0.いいえ
	(5)銀行の預金・郵便貯金の出し入れが自分でできますか	1.はい 0.いいえ
知的能動性	(6)年金などの書類が書けますか	1.はい 0.いいえ
	(7)新聞を読んでいますか	1.はい 0.いいえ
	(8)本や雑誌を読んでいますか	1.はい 0.いいえ
	(9)健康についての記事や番組に関心がありますか	1.はい 0.いいえ
社会的役割	(10)友だちの家を訪ねることがありますか	1.はい 0.いいえ
	(11)家族や友だちの相談にのることがありますか	1.はい 0.いいえ
	(12)病人を見舞うことができますか	1.はい 0.いいえ
	(13)若い人に自分から話しかけることがありますか	1.はい 0.いいえ

表 1−3　老研式活動能力指標

各項目の「はい」を 1 点、「いいえ」を 0 点とし、13 点満点で生活での自立を評価する
（出所：東京都老人総合研究所編『中年からの老化予防総合的長期追跡研究：長期プロジェクト研究報告書』2000 年より）

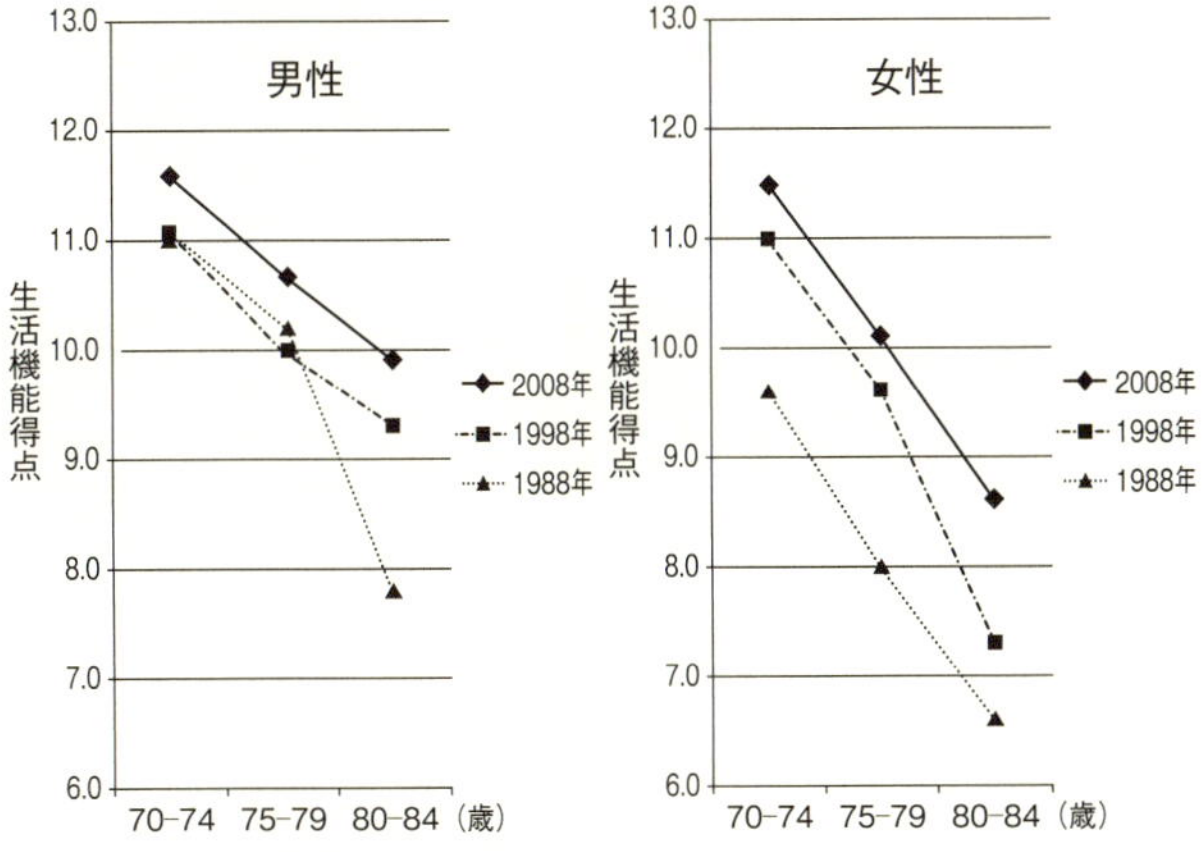

図 1−1　生活機能の時代差

要介護の激増

図1−1に示したように、日本の高齢者は総じて健康意識が高く、団塊の世代すなわち今後の高齢者層の中核を担う集団の健康度はかつての高齢者よりも相当に高い状態にあることが判明している。

しかし、このように高い健康度を有する高齢者集団であっても七十五歳ころを境として、つまり後期高齢者となる時期にあたってはやはり健康状態の低下、生活機能の衰え、そしてさまざまな障害の発生が急速に増加することは避けられない。そのような健康度の低下を示す指標の代表的なものが、

・生活機能障害高齢者
・要介護高齢者
・認知症高齢者

の増加であろう。

たとえば、日常生活を営むうえでのさまざまな能力である生活機能の障害。

その割合は加齢にともない確実に増加するが、国民生活基礎調査（二〇〇七年）による「日常生活に影響がある者」の人口千人対の割合を見てみると、前期高齢者（六十五〜七十

四歳）では男女ともに百六十五人程度であるが、七十五〜八十四歳の後期高齢者になると男性二百六十人、女性二百九十一人と増加し、八十五歳以上の後期高齢者では男性三百七十五人、女性四百五人とほぼ四〇パーセントの高齢者が生活機能低下を訴えることになる。

生活機能の低下が発生した場合、今日のわが国では介護保険制度の下、要介護認定を受けて個人ごとの障害のレベルに応じたサービスを受給することになる。

現在六十五歳以上の（一号）介護保険被保険者は約二千九百万人であるが、要介護認定者数は四百八十万人（一六・六パーセント）で、うち実際にサービスを受給している者は四百七万人、高齢者全体の一四パーセントが介護保険サービス受給者ということになる。

ここで重要なのは、前期高齢者と後期高齢者の比率である。

厚生労働省の発表している「介護保険事業状況報告書」（二〇一〇年八月）によれば、前期対後期に関して高齢者全体に占める要介護認定者数はそれぞれ六十五万四千人と四百十五万二千人で一対六の比率になっており、後期高齢者において要介護状態となることがまさに激増することが見てとれる。

介護予防が重視される昨今ではあるが、とくに元気な前期高齢者にとって早期の介護予防対策が必須の課題となってくる。さらに前期と後期の高齢者における要介護の原因についても明らかな違いが認められる。すなわち前期高齢者での要介護原因の約半数を占める最大の原因は脳卒中であるのにたいし、後期高齢者ではむしろ衰弱、認知症、転倒・骨折が多くなり、まさに老化にともなう心身の機能減弱が顕在化してくるのである（図1‐2）。

認知症が不可避な社会問題になる

次に重要な指標は、認知症高齢者の増加である。

先ほどから述べているように、二〇三〇年ころの超々高齢社会では後期高齢者の急増がその特徴であるが、認知症の発症も後期高齢者で急増する。すなわち認知症の有病率は、年齢が五歳増えるごとにほぼ倍増することが知られており、

六十五～六十九歳……………二パーセント程度
七十～七十四歳………………四パーセント
七十五～七十九歳……………八パーセント
八十～八十四歳………………一六パーセント
八十五歳以上…………………三〇～三二パーセントほど

になる。したがって今後、後期高齢者の急増にともない、認知症高齢者も急増することになり、二〇〇五年には高齢者の約八パーセント、二百五万人程度と推定される状態が、二

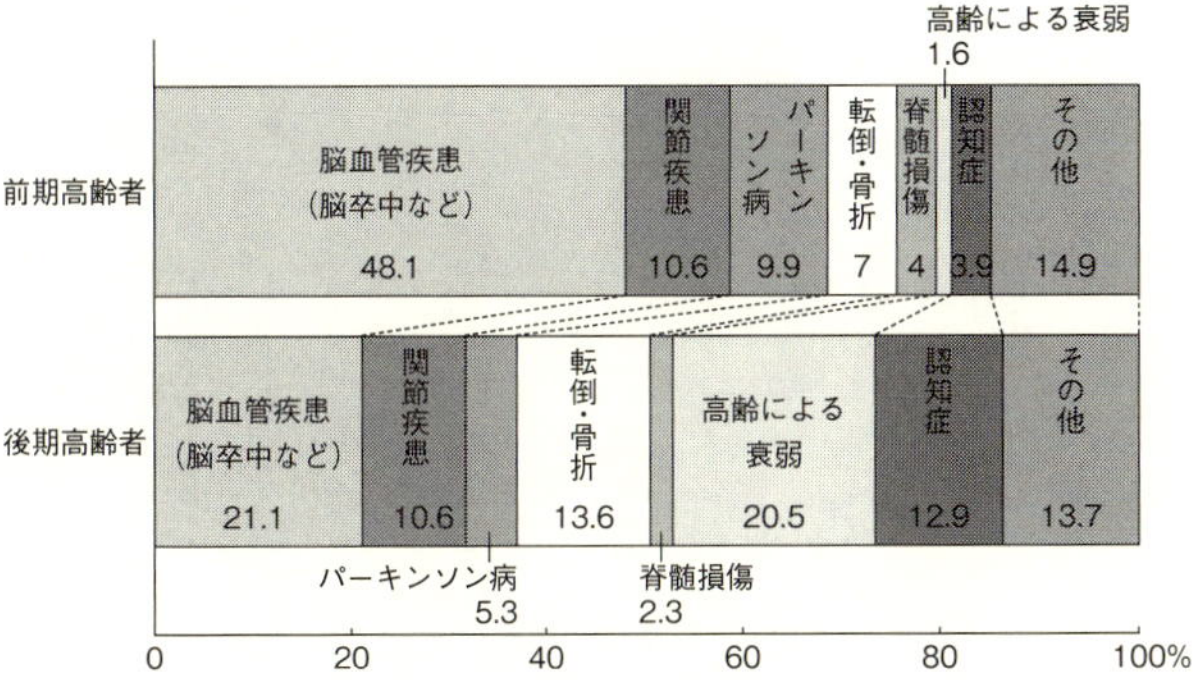

図1−2　年齢による要介護の原因の違い
（出所：厚生労働省「国民生活基礎調査」2001年より）

○三○年には約一一・五パーセント、四百二十一万人（男性百四十一万人、女性二百八十万人）が認知症を発症すると推定されている。

認知症が高齢社会においては、不可避な社会問題となる。今後解決しなければならない問題として、

A　予防対策（はたして認知症予防、とくに高齢期の認知機能低下抑制の科学的根拠はどこまで進展しているのか？）
B　早期診断と診断方法や新しい治療薬の開発
C　認知症高齢者にたいするケアやサービスの新しいありかた

などがあげられる（Aについては第四章参照）。

終末期ケア・医療と死亡場所

二○一○（平成二十二）年人口動態統計から死亡者数は百十九万七千六百六十八人であり、前年の百十四万

一千八百六十五人より五万五千二百一人の増加となっている。うち約九〇パーセントが六十五歳以上である。

今後、平均寿命が伸長し超々高齢社会へと進展するということは、死亡ピーク年齢が上昇し、高齢者死亡比率が増大することを意味している。全体的な死因としては第一位が悪性新生物（がん）、第二位心疾患、第三位脳血管疾患（脳卒中）で高齢者の死因順位もおよそ同じであるが、高齢者に特有の死因として肺炎や不慮の事故（溺死あるいは窒息、そして転倒・転落）が増加する。このような高齢者特有の死因についても予防対策は十分可能であるが、今後の普及対策がきわめて重要となる。

わが国は、この五十年間で死亡原因も大きく変わったが、死亡場所についてもまた大きな変化があった。すなわち自宅での死亡が大幅に減少し、かわって病院での死亡が大幅に増加したことである。

実際のデータを見てみよう。

	【一九五一年】	【二〇〇五年】
自宅（居宅）死亡	八二・五パーセント	一二・二パーセント
病院死亡	一七・五パーセント	八七・八パーセント

まさに完全な逆転現象が生じたのである。自宅死亡が激減し、病院死亡が著しく増加し

た原因はさまざまであるが、少なくとも今日では日本人の文化として「死ぬときは病院で」という状況が作り上げられた。

一方、二〇三〇年ころの団塊世代の方々が死亡ピーク年齢に達したときの年間死亡者数は、およそ百七十万人（うち六十五歳以上が百五十万人）に達すると推定される。すなわち現在よりも約五十万人の死亡者増が見こまれているのである。現在の医療資源、あるいは病院がその急増する死亡者の受け皿となりうるのであろうか？　答えは相当困難であるといわざるをえない。

その理由は主に二つある。

ひとつは単純に病床数の問題である。ある程度の期間を必要とする終末期医療の患者数の急増に、現状の病床数では不十分という推定である。

もうひとつの理由は、医療費の問題である。終末期に時として見受けられる濃厚治療がなされた場合に、医療費は急騰し、ますます国民の負担は増大することから、現在でも厳しい状況下にある医療費は支えられないという危惧である。

これらの問題点を解決するためには、終末期医療における費用と場所の問題を解決することは必然である。すなわち終末期における濃厚治療のありかたの見直しと、みずからの終末期のありかたを選択しうるリビング・ウィルの普及、あるいは病院での医療から在宅医療への転換などである。

どれひとつ取っても、たんに医学的問題だけでなく死にたいする倫理的問題から法制度、さらには住宅問題までじつに複雑に絡みあった問題であるが、その基本は高齢者一人ひとりの生の尊厳と生命の質の問題でもある。

われわれはこの基軸をブレることなく考えていかなければならない。

第二章　寿命と健康の変化

1　なかなか死ななくなった日本人

死亡率の大幅な改善

本章では、日本の高齢社会はどのように形成されてきたのか、平均寿命の著しい伸長とともに高齢者の健康度はどう変わったのか、現代の高齢者は若くなっているのか否か、性別や年齢層を考慮しながらその実像を描いてみよう。

一九五〇年から二〇〇六年までの過去半世紀のわが国の人口動態を見ると、一九五〇年ころでは高齢者人口はわずかに五パーセント、平均寿命はおよそ六十歳と、いまから見ると信じられないほどに短命な時代であった。

一九四五年、太平洋戦争が終結し敗戦国となったわが国は、その後しばらく栄養摂取や疾病予防など公衆衛生の重要な基盤整備がほとんどなされていなかった時代であり、国民は「食うや食わず」の日々を生き延びるのが精一杯の時代だった。主要な死因は結核をはじめとする感染症であり、劣悪な衛生状態や栄養不良によって、乳幼児から高齢者にいたるまで広く国民全体の疾病にたいする抵抗力の脆弱な時代だったのである。

このような、いわばどん底の健康水準から今日の超高齢社会にいたるわが国の軌跡を確認してみよう。

まず死亡率の推移から。

一九三五（昭和十）年あるいは一九五五（昭和三十）年ころは乳幼児期に死亡数が突出して多く、十代でやや安定となるが、二十代からは死亡数が増加の一途をたどっている。

それにたいし二〇〇五年現在では、五十歳ころまではまったく死亡数の増加は認められず、死亡数の増加する時期が著しく高齢期へとシフトしている。今日の超高齢社会日本では、死亡数のピークは八十歳以上にシフトしているのである。もちろんその理由はたんに成人期での結核などの感染症による死亡が減少し、高齢期での余命が延びただけではなく、乳幼児期での死亡率が大きく改善されたため、このような（ある意味で望ましい）状態が続いているのである。

今後日本の平均寿命はまだ延びつづけると推定され、（人間〔ヒト〕の生物種としての限界寿命は百十五歳前後と考えられるが）わが国では近未来的には、九十歳ぐらいのところで死亡ピークが急速に立ち上がるようなカーブが描かれる可能性も少なくはない。

七十五歳から急落する生存率

死亡とは逆に、生存数から見たカーブが図2―1である。長寿化という現象をいわば生と死の裏表から見ているのであるが、保健・医療・福祉の未熟な一九四七年では生存率が限界寿命に向かってほぼ直線状に低下していることがわかる。しかし、二〇〇五年のカーブを見ると、六十五～七十四歳の前期高齢者であっても生存率は高いところに維持され、七十五歳以降の後期高齢者のあたりから急に生存率は低下し、最後の限界寿命になると全員が死亡していることがわかる。

すなわち今日の生存率は高齢期まで高く保たれ、後期高齢期になって急速に生存率が低下し、曲線の形状は矩《く》形《けい》（長方形）化したカーブを描いている。このような生存曲線の矩形化は世界中の長寿国に共通の現象であり、

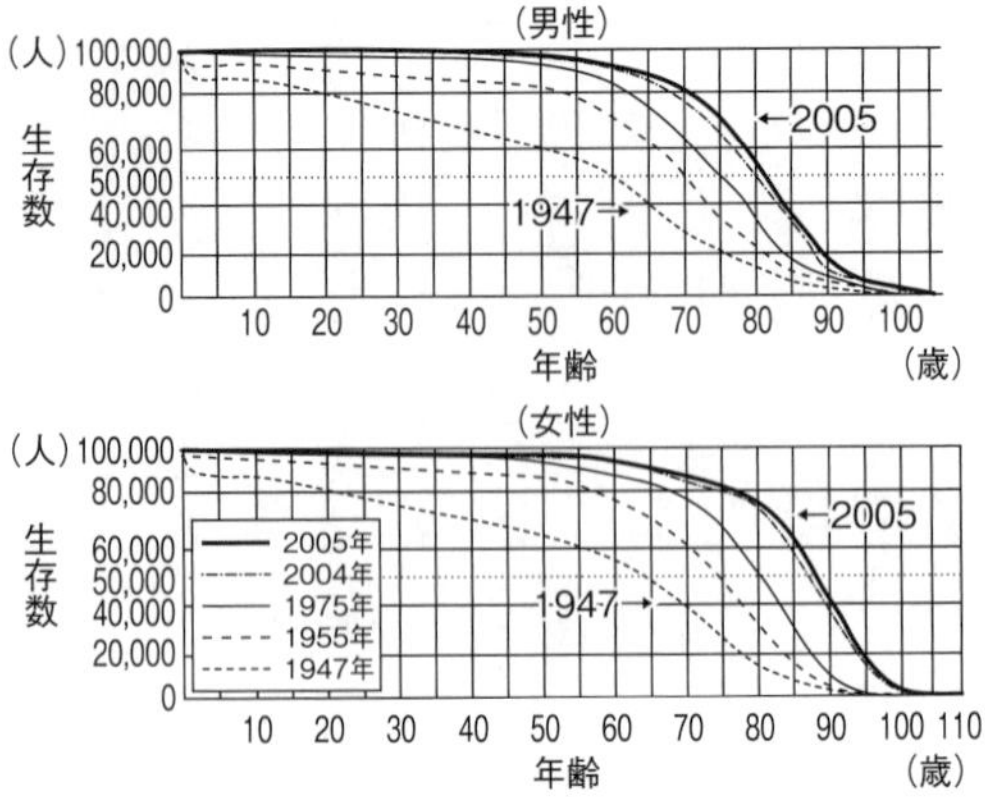

図2−1　日本人の生存率曲線の年次推移
（出所：厚生労働省「第20回生命表　完全生命表における平均余命の年次推移」2007年をもとに著者作成）

七十五歳を超えてから急速に生存率が低下するのである。

このような矩形化した生存曲線は今後団塊の世代の人びとが死亡のピークを迎える二〇三〇年ころには、右肩の張り出し部分がもっと右側に移動することが予想される。

その理由はさまざまなデータ、たとえば文部科学省が毎年継続的に測定している学童期の体力（運動能力）の強さや成人期における職域での健診の有所見率の低さなどのデータから見て、団塊の世代の人びとは非常に健康度が高いと判断されることにある。

おそらく団塊の世代の人が死亡ピークの曲線に入ってくる二〇三〇年ころには、死亡ピークにかかわる変換点が現在の七十五歳ころから八十歳近くまで右側にずれるものと推定されるのである。

なかなか死ななくなっても、やがては必ず死ぬ

以上、これまでの日本人の死亡や生存の経年的データを俯瞰《ふかん》してきたが、このような事実から得られる結論のひとつは、日本人は「なかなか死ななくなった国民」であるということができる。

この事実はまさに「ありがたく」喜ばしいことである。しかし、それでもヒトはいつかはなんらかの原因で必ず死ぬのである。結核をはじめとする感染症も脳卒中もがんも死因

として今後もけっして根絶することはない。

じつは、この「人間はいつかは何かで必ず死ぬ」というあたりまえの事実が、今日の長寿化の陰でいつの間にか希薄になってしまっている。「はじめに」でも書いたように、「生《しよう》老病死《ろうびようし》」のなかで死だけが妙に遠い存在となってしまっている。

二〇一一年三月の東日本大震災で二万人近い方々が一瞬にして亡くなられたり、行方不明となられたりした。ことに高齢者の死亡割合は五割を超え、人口に占める高齢者割合（二五〜三五パーセント）の倍の方々が亡くなっていることが判明している。まことに痛ましいかぎりであるが、たとえ一千年に一度の大災害とはいえ、これほどに死というものが即時に、そして大量に隣り合って存在するということが、あらためて浮き彫りになったように感じたのは私だけであったろうか？

「メメント・モリ（死を想え）」という言葉が甦《よみがえ》ってくる。いずれにせよ、われわれはどんなに生き延びても百十五歳ころが限界なのであり、今後も続く長寿化と死亡ピーク年齢の微増があったとしてもこのヒトとしての限界寿命というものは不変である。

老化に関する世界的にも貴重な研究

わが国の高齢者の健康状態が、過去の高齢者のそれからどのように変化しているか、そしてその理由はどのようなものであるか？

　この問いにたいする答えは現在の、そして今後進行する超高齢社会を考えるうえで非常に重要である。なぜなら、(過去から現在そして近未来にいたる) わが国の高齢者の健康状態を正確に把握することなく、いかなる高齢者の議論も成り立たないからである。

　言い換えると、高齢者をつねに社会的弱者として (社会的な分子として) カウントするのか、あるいはまた社会的資源として (社会的な分母として) カウントするのかによって、おそらく今後の超高齢社会に関するすべての議論や施策のありようが大きく変わってくることになる。したがって高齢者の問題を論じるさいには必ず高齢者の健康度、とくに社会的資源としての特性を正しく理解しておくことが必要となる。

　わが国の高齢者が「若返っている」のか、「ひ弱になっている」のか、それを科学的に判定することは、(一見簡単そうに見えるが) 相当に困難な調査研究を要するものである。

　まず、同一の地域で、ふつうに地域で暮らしている高齢者の方々を、五年、十年、十五年と同一の方法で追跡的に調査 (これを「老化に関する縦断的研究」という) することが必要不可欠である。縦断研究の大きな特徴であり、重要な意義は因果関係を明らかにできることである。すなわち何が原因で何が結果なのかを明確に導き出すことができるという、きわめて重要な研究手法なのである。

複数の（年代の）集団をある時点で比較する横断研究からは因果関係を明らかにできないのだが、ややもすると（恣《し》意《い》的に、自説にとって都合よく）原因と結果を関係づけてしまいがちである。一般の人はもちろん、研究者ですらしばしばその誘惑に駆られる。しかし、他の問題も同様だが、とくに老化や病気に関しては科学的に因果関係を規定することが大事である。そのためには、縦断研究の手法が必須なのである。

なお、加齢の結果はつねに世代差（出生年代の差）によって修飾されていることに注意しておく必要がある。とくに日本の場合、第二次世界大戦における敗戦とその後の急激な社会変化のために、高齢者間での大きな世代差が存在し、ときに加齢の影響が過大に評価されることに慎重である必要がある。

以下に紹介する高齢者の健康水準の変動に関するデータは、旧東京都老人総合研究所が実施している「老化に関する長期縦断研究」からのものである。この研究は一九九一年に開始され、現在も毎年同一地域で同一の人びと（六十五歳以上の高齢者）を同一の方法で追跡している世界的にも貴重なものである。

ここでは一九九二年から二〇〇二年の十年間のデータを紹介しよう。

2　データは雄弁に語る

歩く速さがきわめて重要

最初に紹介するのは、健康に関する体力や血液などの測定値が年齢とともにどう変わってゆくのか、すなわち高齢者の十年間にわたる「加齢の効果」を調べたものである。

たとえば図2−2の「通常歩行速度の変化（ふだんの歩く速さの変化）」は、男性と女性のそれぞれで十年間の加齢とともに歩行速度がどう変わるかを示したものである。

男女ともに、六十五歳から七十四歳の前期高齢者と七十五歳以上の後期高齢者の加齢変化を示しているが、男女とも前期高齢者は十年間で歩くスピードがあまり変わっていないのにたいし、後期高齢者では大きく速度が低下している。つまり現代の日本人高齢者、とくに女性の後期高齢者では七十五歳を過ぎる

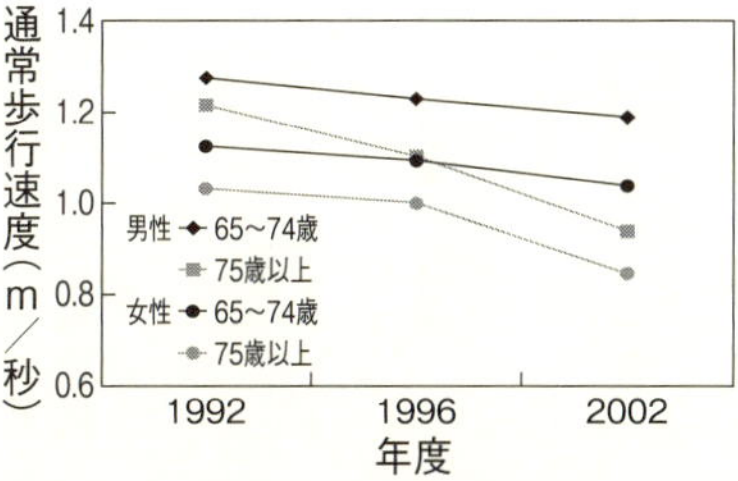

図2−2　通常歩行速度の変化

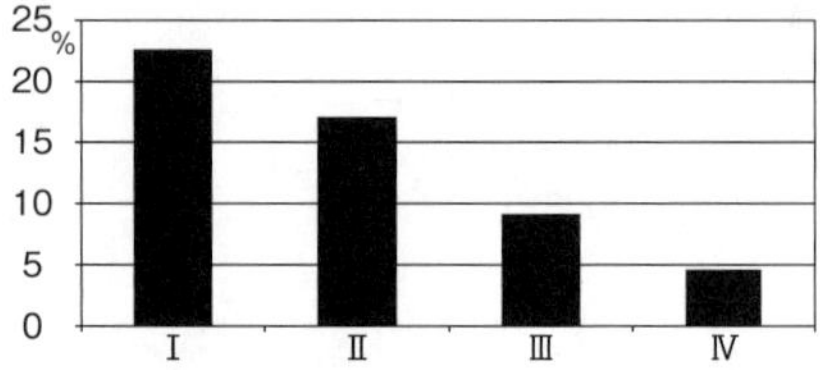

図2−3　歩行速度別によるI-ADL低下発生率の比較

初回調査の時点での歩行速度を四つの群（Ⅰ＝最低位、Ⅳ＝最高位）に分け、五年後の生活動作能力の低下者の発生率を示している

と、歩行速度が急速に遅くなるということがわかる。

とくに歩く速さが秒速一メートルを割るようになると、横断歩道を青信号中に渡ることができなくなるなど、日常生活に大きな負の影響がでてくることがわかっている。

じつはこの歩く速さというのは、高齢者にとってきわめて重要な健康指標のひとつなのである（第五章参照）。

歩くことはヒトのもっとも基本的で特徴的な動作であるが、「老化は足から」ともいわれるように、高齢期では加齢とともに歩行能力が衰えていく。あとでくわしく述べることになるが、一般に高齢期では、その生活や生命にとって節目と考えられる障害が三つ出現する。その最初の障害が歩行能力の喪失なのである。次が排泄障害、そして摂食障害となるのであるが、最初に出現する歩行能力の喪失によってヒトは生活機能の基本的な要素を失うとともに、他者からの支援が必要となる。つまり現在の介護保険の枠組みのなかで、「要支援・要介護状態」となるのである。

話を戻すと、高齢者における歩く速さは平均値が低下するとともに、個人差が大きくなる。つまり、年をとってもしっかりと速く歩ける高齢者がいる一方で、早くから歩行能力が衰える人もいる。老化に関する長期縦断研究からは、この歩く速さこそがいつまでも生活を自立して暮らしてゆくことのできる最大の要因であることが明らかにされている。

図2-3はここで取り上げている同じ高齢者の集団のデータであるが、初回調査の時点での歩行速度を四つの群に分け（最低位〔I〕〜最高位〔IV〕）、その後五年間に「老研式活動能力指標」で測定された手段的自立（I-ADL=日常の生活を自立して営むための比較的高いレベルの能力）の低下の発生率を示している。

最低位、すなわちもっとも歩行速度の遅かった集団でI-ADL低下者、すなわち自立レベルの低下が約二三パーセントともっとも高率に発生していた。つまり速く歩ける高齢者がいつまでも健康を維持していることが示されている。このように歩く速さを測定することは高齢期の生活と直結した能力を測定していることであり、その意味で後期高齢者での歩行速度の急激な衰えは、この方々の生活機能の衰えを意味すると同時に、その後に発生してくるであろう第二、第三の障害にたいしてどのような対策や予防方法を講じるかを決定しなければならないという、きわめて重要な情報を提供することになる。

むしろ小太りであるほうが

次に、太りかたの指標である「体格指数（ＢＭＩ＝体重〔kg〕／身長〔m〕の二乗）」の加齢変化を見てみよう。

現在のわが国の高齢者は栄養が行き届いていることもあり、男女とも、そして前期高齢者と後期高齢者とでもその値は22〜23とほとんど変化していない。

このデータはまたきわめて興味深いことを示している。すなわち、日本の高齢者は集団として見ると、（生存している人びとは）やせたり太ったりという変動が少ないということになる。逆にいうと、急激なやせや、体重増加などの体重変動の大きな高齢者は、死亡のリスクが高くなると考えるべきなのである。

高齢者が元気に生き延びてゆくということは、体格指数で見るかぎり標準体重を維持するか、あるいはやや小太りであることこそが、その規定要因となっているのである。巷《ちまた》でいわれるような、粗食でやせることが長寿の原因というのがいかにいい加減で非科学的であるかが、このデータを見るだけでわかるのである。

老研式活動能力指標が示す女性の特徴

こんどは「老研式活動能力指標」の変化を示す（図2−4）。老研式活動能力指標（一五ぺージ表1−3）とは、第一章でも少し触れたが十三項目（すなわち十三点満点）で測定される高齢者の総合的な生活能力を測定するものである。これには、

(1)毎日の生活を自立して暮らすことのできる身体的な動作能力（手段的自立）

(2)健康情報などの知的な活動能力（知的能動性）

(3)知人との付き合いなどの社会的かかわり（社会的役割）

の三つの能力を簡単な質問によって測定できるように工夫された質問票である。これは科学的にも信頼性の高いものとされ、世界的にも認められている。

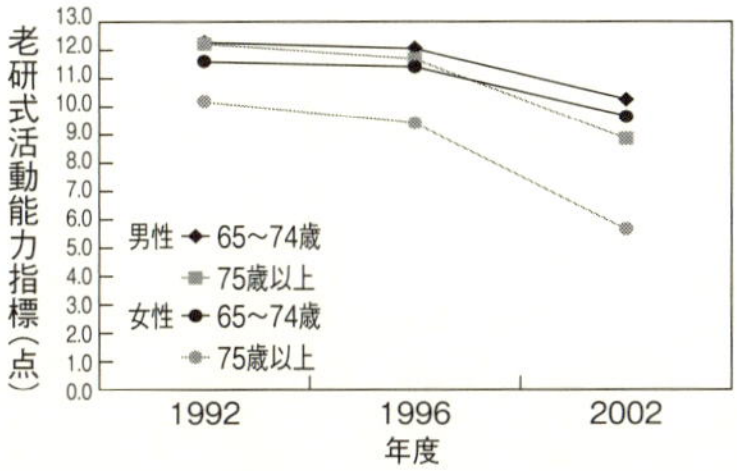

図2−4　老研式活動能力指標の変化

「老研式活動能力指標」で測定される高齢者の生活機能の変化について、どの領域が加齢にともなってどのように低下してゆくのかは第五章でくわしく述べることにするが、ここで示されるような男女差や前期と後期の高齢者間の差についてのデータを見ると非常に大きな問題点があることに気づく。

すなわち、男性も女性もいずれも十年経つと生活機能は有意に落ちてくるが、男性はベースラインでの平均得点がもともと十二点ぐらいであり、その後十年で落ちても九〜十点ぐらいま

でとどまっている。

一方、女性、とくに後期高齢期での女性の場合、ベースラインがそもそも十点ぐらいであるが、その後十年経つと、六点ぐらいにまで落ちている。前期高齢女性でも十年を経過して七十五歳を過ぎると急速に生活機能が悪くなっていく。つまり、高齢の女性とくに後期高齢期の女性というのは（歩行速度でも示されたように）急速に生活機能を失っていくという実態をあらわしている。

これこそ今の日本の高齢社会の女性の特徴のひとつであり、その最大の原因は運動器、あるいは筋骨格系の老化が著しく進行するからである。

骨と筋肉の老化

右の事実は先述の歩行速度のデータ（図2-2）と密接に関係している。

通常歩行での速さを見ると、男性は初回の調査（ベースライン）で秒速一・三メートル。一方、女性は秒速一・一メートルであり、そもそも女性のほうが〇・二メートル遅い。その後十年の加齢により、男性の場合は秒速一・〇〜一・二メートルまで落ちるが、女性では秒速〇・八〜一・〇メートルぐらいまで落ちてゆく。

このように歩行速度が遅くなっていくことは、最初の障害、すなわち「移動能力」の低下が出現したことを示し、生活機能を失わせる原因のひとつとなっているのである。

女性では一般に、筋骨格系の老化が非常に速く進む。女性では閉経以降、骨代謝にかかわる女性ホルモン（エストロゲン）が枯渇してくることから骨粗鬆症《こつそしょうしょう》が発生するが、この病気は女性に圧倒的に多いことはよく知られている。

女性ホルモンの枯渇は骨の老化だけではなく、筋肉の老化、すなわち加齢とともに筋肉の量と力（パワー）が失われる状態（加齢性筋肉量減少症あるいはサルコペニアといわれる。第四章3節参照）もまた女性に多く発生する。

もともと男性に比べて女性は筋肉量が少ない。さらに後期高齢期の女性では、日常生活での活動量や食事量が減少したり、屋外での日光照射量が減少したりすることによって血液中のビタミンD濃度が低下するために、筋力を生み出す能力が減弱し生活機能を失い、要介護状態へと移行していくことが最大の特徴であり問題となっているのである。

病気・老化の性差と年齢区分による違い

一般に女性では筋肉や骨あるいは関節などの筋骨格系の老化が非常に速く進むのにたいして、男性は血管の老化すなわち動脈硬化を基盤とした血管病変が速く進む。

どちらも生存には不利益であるが、血管の老化のほうは出血や梗塞《こうそく》など何か病変（イベ

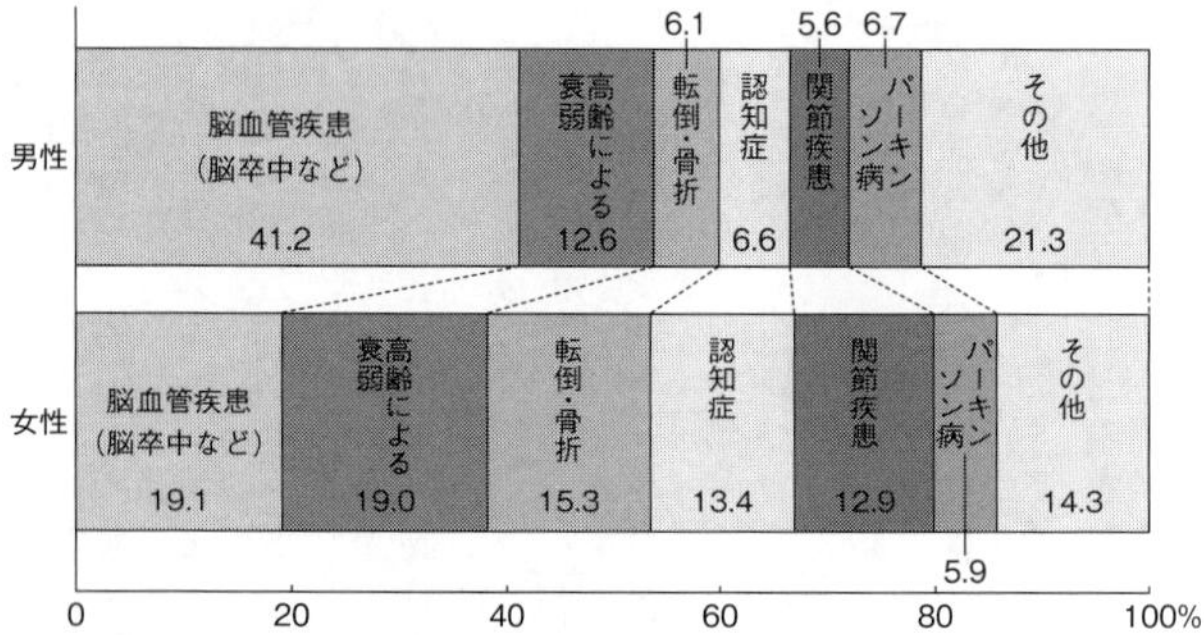

図2−5　性別による要介護の原因の違い
（出所：厚生労働省「国民生活基礎調査」2001年より）

ント）が起きると致命的である。一方、筋骨格系の老化の場合、骨折や筋力低下などのイベントが起きても死亡にはいたらない。この「病気の性差」が女性において男性よりも明らかに不健康寿命が長いことの最大の理由となっている。

　このことはまた、介護保険サービス利用状況からも明らかである（図2−5）。すなわち、要支援あるいは要介護の1や2といった軽度のサービスを受けている人には圧倒的に後期高齢者の女性が多い。その原因は高齢による衰弱、転倒・骨折、認知症などである。一方、男性では比較的軽度のものは少なく、たとえ前期高齢者であっても脳卒中により最初から要介護2や3といった重いサービスから受給を開始していく例が少なくない。

　本節では現在の日本の高齢者が十年間の加齢にともない、彼らの健康水準がどのように変化するかを代表的な例を用いて紹介した。今後の高齢者の健康の動向やそれにもとづくさまざまな社会保障や施策をおこなううえで、たんに高齢者として一括することができないほどに多様化した現状を踏まえ、個別的な対応が必要となってくることがご理解いただけたと思う。

少なくとも高齢者を性（男性と女性）と年齢階級（前期と後期）の四区分に分けてそれぞれの健康特性から保健・医療・福祉のありかたや効果的に実施する対策を提示してゆくことが、今後ますます重要となるであろう。

3　たしかに若返っている一方で

十年前との比較

ここからは出生年代の差（これをコホート差と呼んでいる）、すなわち「古い高齢者」と「新しい高齢者」のさまざまな身体的能力を比較したデータについて紹介しよう。

対象者は同じ「老化に関する長期縦断研究」（四〇ページ参照）の高齢者であり、同じ地域に住んでいる一九九二年当時の六十五歳以上の「古い高齢者」と、それから十年後の二〇〇二年に同じ地域に住む六十五歳以上の「新しい高齢者」の二つの集団の比較である。いわば同じ地域に住む新旧二つの高齢者集団の健康水準の比較ということができる。

上の図に示される白いバーは一九九二年の古い高齢者集団、黒いバーは二〇〇二年の新しい高齢者集団を、それぞれ男女別、年齢階層別にあらわしたものである。

「通常歩行速度」は、これまでの国内外の多くの老化についての縦断研究からきわめて有用な健康、生活機能、そして死亡の予知因子であることもよく知られている。図2-6の通常歩行速度を見ると、男性も女性も、そしてどの年齢階層でも、十年前（一九九二年）の古い高齢者に比べて新しい（二〇〇二年）高齢者は有意に速くなってきている。

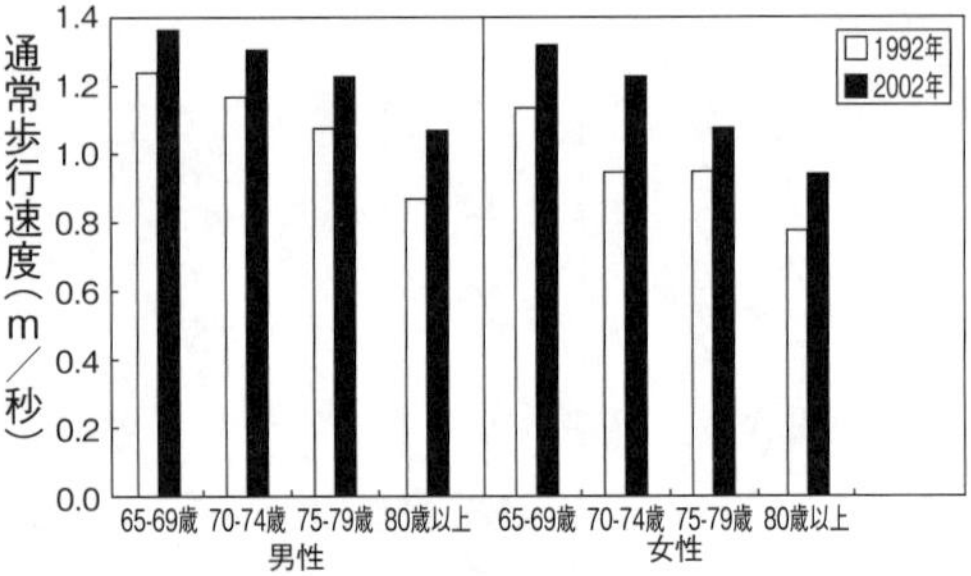

図2−6　通常歩行速度の差異

このことは、歩行速度のもつ意味から考えても二〇〇二年高齢者のほうは死亡リスクが低下していることを意味していると考えてよい。後期高齢期の女性は、生活機能という視点から見ると非常にリスクの高い集団であるが、それでも十年前の高齢者に比べると、健康度は高くなったこともまちがいない事実である。

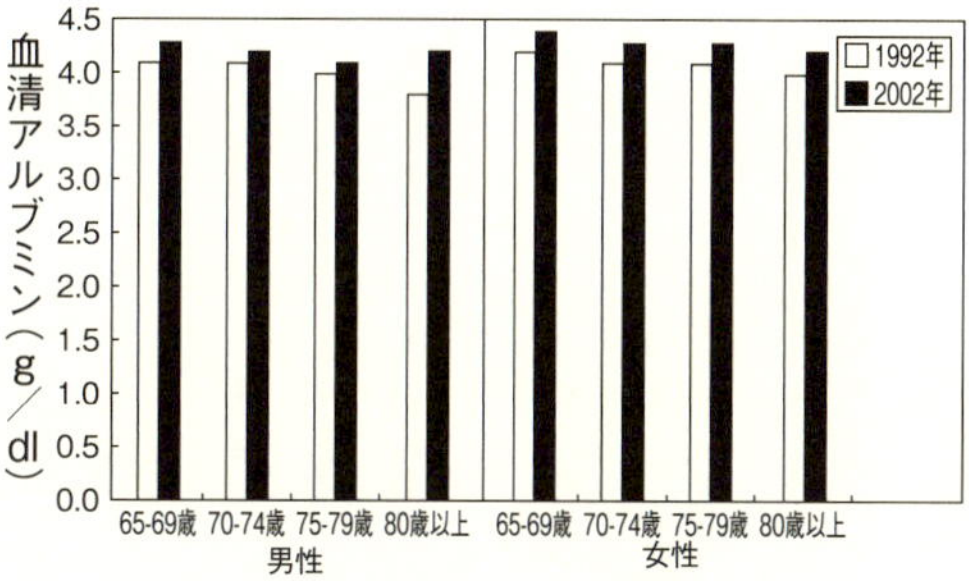

図2-7　血清アルブミン値の差異

総合的な健康水準を示す指標

血液成分のなかで栄養指標として、あるいは総合的健康水準を示す指標として、重要な「血清アルブミン値」について図2-7に示してある。男女ともに二〇〇二年の高齢者で顕著な上昇が認められる。

血清アルブミンは、血液中にある三十五種類のたんぱく質のひとつである。これは食事から取り入れられた肉や魚などから分解されたアミノ酸が、肝臓で新たに合成されるもので、血液中のたんぱく質の約六〇パーセントを占めている。

アルブミンのもっとも重要な役割は血液の浸透圧を調整したり、身体活動に必要なさまざまな物質の運搬・輸送に利用されたりしていることである。まさに「血となり肉となる」重要なたんぱく質であり、高齢者の健康維持に必要不可欠な物質ということができる。

正常な栄養状態ではアルブミンは血液一〇〇ミリリットル中に四〜五グラム含まれているが、高齢期の適正な食事量の不足や偏《かたよ》りによる「低栄養」をはじめとして肝臓や腎臓の衰え、体内のがんや炎症などの病気があるとその量（濃度）は減ってゆく。

かつては高齢者の「低栄養」の指標として、この血清アルブミン値を三・五g／dlと定義していたこともあったが、今日の地域でふつうに暮らすわが国の高齢者の実態から見ても、三・八g／dl以下の高齢者（とくに前期高齢者）は皆無といってさしつかえないほどに栄養状態は改善されている。

欧米の研究者のなかには、この血清アルブミン値による低栄養の判断を四・〇g／dlと考えているものも少なくないほどである。ちなみにわが国での介護予防の施策のなかで「低栄養のリスクのある高齢者」の基準は三・八g／dlに設定されている。

一方、同じように重要な血中の栄養マーカーである「血清総コレステロール値」については、一九九二年の高齢者と二〇〇二年の高齢者の平均値の比較では男女、あるいは各年代別で見ると、まったく変動がないかあるいはむしろ下がっていることが明らかとなっている。

ふつうアルブミン値が上昇していることを考えると、コレステロール値も当然上昇してもおかしくないのだが、これは一九九〇年代の過剰あるいは異常とも思われるほどの反コレステロール対策による（時代の）影響と考えられる。わが国の高齢者における適正な血清コレステロール値の基準を科学的に検討することなく、単純に欧米のコレステロール対策に同調して、コレステロール性悪説を敷衍《ふえん》したことが、この十年の変化に影響していたものであろう。

今後は当然ながら、それぞれの個人の（性や年齢そして循環器疾患にたいする他の）リスクを考慮したうえで最適な血清コレステロール値を、オーダーメード的に判断してゆく時代に入っている。

今日の高齢者は若返っているのか？　それともひ弱になっているのか？

以上のデータから日本の高齢者が、一九九二年の「古い高齢者」集団と二〇〇二年の「新しい高齢者」集団でどのくらい差があるといえるのだろうか？

多くのデータが示しているように、二〇〇二年の高齢者のほうが健康水準は高くなっていることがうかがわれる。しかし一九九二年の高齢者から見て（具体的に）どれほどの差がついているのか？　換言すればどのくらい若返っているのかを探索的に分析したデータを

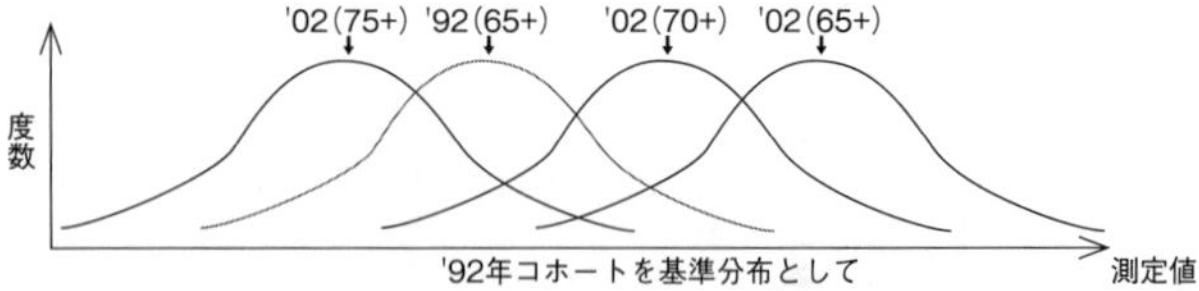

2002年コホートのどの年齢層が、1992年の65歳以上のコホートの測定値分布と対応しているか？

測定値	平均値±標準偏差		
	1992年（65歳以上）	2002年（対応する分布の年齢）	
握力			
男性	30.2 ± 6.9	69歳以上	30.0 ± 6.6
女性	18.2 ± 4.9	75歳以上	18.2 ± 5.3
片足立ち			
男性	36.6 ± 24.0	69歳以上	36.8 ± 23.0
女性	25.6 ± 23.0	68歳以上	25.8 ± 22.1
通常歩行速度			
男性	1.16 ± 0.27	76歳以上	1.17 ± 0.30
女性	1.00 ± 0.27	76歳以上	1.00 ± 0.27
最高歩行速度			
男性	1.92 ± 0.44	69歳以上	1.92 ± 0.42
女性	1.56 ± 0.40	73歳以上	1.55 ± 0.38

図2‒8　1992年コホートのデータと2002年コホートの年齢層別データの対応

紹介しよう。

　図2‒8は一九九二年高齢者と二〇〇二年高齢者の測定値の分布を模式的にあらわしたものである。

　いずれの測定値の分布も正規分布するが、上述の二集団の比較から、二〇〇二年の六十五歳以上の高齢者の分布は、一九九二年の六十五歳以上の高齢者の分布に比べて当然健康度の高いほう、すなわち右側にシフトしている。

　そこで、二〇〇二年の六十五歳以上の集団から、(測定値が低下し左に分布がシフトする)七十歳以上の集団、あるいは七十五歳以上の集団など各年齢の高齢者の分布をデータから作成し、それらが（比較の基準となる）一九九二年の六十五歳以上の高齢者集団の分布とどう対応しているかを調べる。

つまり、二〇〇二年の何歳以上の集団が、一九九二年の六十五歳以上を基準とした集団と平均値にも差がなく、分散にも差がない、いわばぴったりと重なる集団であるかを統計学的に検証するのである。

その結果を示すデータが図の下にある表である。

たとえば、握力については、一九九二年の六十五歳以上の集団の平均値と分散に有意差のない、ぴったりと重なる集団は、二〇〇二年の男性六十九歳以上の集団および女性七十五歳以上の集団であることが明らかとなった。

このことは今日の高齢者は十年前の高齢者に比べて、握力でみるかぎり男性は四歳若返り、女性は十歳若返ったことを意味している。同様にバランスの能力を測定する「開眼片足立ち時間」においても男性と女性でそれぞれ四歳と三歳若返っている。

さらにまた通常歩行速度は、男女とも十一歳若返っており、わずかこの十年間で大きな健康水準の変化が生じていることを示している。これはなにも観察対象となった地域だけではない。全日本的に起きている普遍的な現象である。それは平均寿命が延びるということは、高齢者（少なくとも高齢者の多くを占める前期高齢者）の健康水準が向上していることの裏返しの現象だからである。

もはや高齢者を一括りにすることはできない

おそらく（東北地方での大震災の影響は無視できない点を踏まえたとしても、全日本的な視野で見ると）今後、団塊の世代が高齢者集団を形成することになれば、これまでのさまざまなデータから類推して、より健康な（若返った）集団となることが予想される。一方で（若干の健康度の増加はあるにしても）加齢にともなう虚弱が顕著となる後期高齢者が増加することもまた不可避の現象となる。

したがって、繰り返すことになるが、今後、高齢者のあらゆる面での制度や健康を守る手立てを考えていくというときには、データが示す健康水準の現状と動向を加味したものでなければまったく意味がない。

現在も、そして今後はますます「高齢者」として、一括りにはできない多様性をもった集団が増えてゆくのである。過去の高齢者に比べて健康度の高い新しい高齢者が存在することになるが、このことは「高齢者は六十五歳以上」という高齢者の定義すらも変えることを視野に入れなければならないほどである。

じつはこのような現代の日本の高齢者の健康水準の上昇はまた、当然のことながら高齢者の雇用や定年制の問題と深くかかわっている。

今後の高齢化の進展によって、労働人口の減少による社会の生産性における失活化を危惧する声があがっている。しかしここで述べてきたように、今日の高齢者は過去の高齢者とは明らかに異なる身体的に若々しい集団である。とくに六十五〜七十四歳の前期高齢者、あるいは少なくとも六十代は、これまでの社会経験が豊富で能力やスキルの十分に備わった社会的資源としても優秀な集団ということができる。しかも団塊の世代などでは六十歳を超えても働く意欲は衰えていない。

恐れずにいわせていただくならば、圧倒的大多数の企業で定年があるのは労働者としての高齢者の能力を的確に評価できていないのではないだろうか？　意欲と能力のある高齢者の雇用や定年について社会は抜本的な改善が必要だと感じている。

いずれにしても、もはや高齢者を一括りにすることはできない。男性と女性、前期と後期の高齢者、十年前の高齢者と今の高齢者、さらには今後出現してくる六十五歳以上の集団は相当に異なる集団であることを念頭に置きながら、今後の社会においてさまざまな戦略を立て、制度を設計していかなければならない。

第三章　病気予防と介護予防

1　メタボ健診に意味はあるか

やせるべきか、太るべきか、それが問題だ

より健康度の高い高齢者が出現してくるときに、疾病予防と介護予防という高齢者の健康に関する二大戦略をどのように考えるか。今日かなりの混乱が見受けられるようである。そのいい例が、やせるべきか、それとも太るべきかのハムレット的（？）混乱である。

よく知られているように二〇〇八（平成二十）年から、特定健康診査・特定保健指導という施策が四十歳以上七十四歳までの国民を対象として国を挙げて取り組まれている（七十五歳以上は後述するように、後期高齢者医療制度の対象者となるためにこの制度の対象者とはなっていない）。特定健康診査は別名メタボ健診ともいわれ、男性では腹囲八五センチメートル以上でメタボリック・シンドローム（内臓脂肪症候群）のハイリスク者として保健指導を受けることになっている。

この特定健診・特定保健指導にはさまざまな意見、賛否両論が見受けられるが、少なくともこの制度の導入によって生活習慣病予防のための保健指導にこれまで以上の力点が置

かれたことで、国民全体に健康管理に関する一次予防の重要性がよりいっそう認識されたことは評価されるべきである。反面、そのハイリスク者の選定において、腹囲をはじめとする判定方法や判定のための基準値（カット・オフ値）の信頼性や妥当性について、十分なコンセンサスが得られていない点など、課題も残されている。

特定保健指導においては、食事の欧米化や運動不足による肥満体から発生するメタボリック・シンドローム予防の視点から、（腹囲に代表されるように）体重を減らすことが指導の中心となっている。

六十五歳で腹囲八六センチメートルの男性は……

その一方で、介護保険の枠組みのなかで要介護状態となることを予防するための「介護予防」が、六十五歳以上の高齢者にたいする重要な施策として普及が図られている。これは健診などを通して要介護状態となる恐れのある高齢者を早期に発見し、適切な対応をすることによって要介護状態を予防しようとするものである。

介護予防のための取り組み（サービス内容）には、高齢者の自立支援を目的として「運動器の機能向上」や「口腔機能向上」などのサービスと並んで「栄養改善」サービスが含まれている。この「栄養改善」サービスはその名のとおり、高齢者が陥りやすい低栄養状態、すなわち「やせ」を予防したり改善したりすることが目的となっている。具体的には、その指導の中心は適切な食事を摂《と》ることによって「やせる」ことの防止、つまりはもっとも死亡率の少ない「小太り」状態を推奨することになる（四四ページ参照）。

もうお気づきであろう。メタボ対策のために（制度上少なくとも七十四歳までは）「太らないこと」が推奨され、他方では介護予防のために（制度上少なくとも六十五歳以上では）「太る」ことが推奨されているのである。これでは現場や受診者に混乱が生じるのはあたりまえである。

極端な例をあげてみよう。四十歳で腹囲一〇〇センチメートルの男性はまちがいなく特定保健指導で体重や腹囲を適正な範囲にまで落とすことを強く求められることになるだろう。一方、八十歳の男性で腹囲九〇センチメートルの人にたいしてはおそらく保健指導上、なんの問題も指摘されないであろう。むしろ栄養学的には褒められるかもしれない。では、六十五歳で腹囲八六センチメートルの男性はどうすればよいのだろう。

メタボ予防のためにやせるべきか？

介護予防・低栄養予防の視点から、このままか、あるいはもう少し太るべきか？

このハムレット的（？）問いはけっきょくいつまで病気の予防をおこなうのか、いつから要介護状態の予防をおこなえばよいのか、ということにほかならない。この問いにたいする明確な、そして科学的・理論的な説明、つまり一般の方々が納得する説明がなされなければ、「指導する側」も「指導される側」も現場での混乱は解消しないのである。

個別の疾病による死亡パターン

いまの問いを考えるには、まずゴンペルツの総死亡率曲線から説明してゆく必要がある。現在広く認識されているように、病気（とくに生活習慣病）も介護も一次予防が重要であることは論を俟《ま》たない。ただ、これらの予防対策は時間軸も含め明確に異なるものである。いずれにおいてもどれだけ効率的に有効な予防対策がとれるかが重要である。

生物には必ず死が訪れるが、横軸に年齢、縦軸に死亡率の対数をとると成人後には加齢とともに総死亡率が直線的に上がる。これを総死亡率曲線と呼ぶが、すべての生物に共通にあてはまるこの両者の関係性を発見した十九世紀の英国の独学の数学者ベンジャミン・ゴンペルツの名を取ってゴンペルツ曲線とも呼んでいる。

一方、（総死亡率ではなく）個別の疾病の死亡率に着目すると、それは主に以下の三つに類型化することができる（六五ページ図3－1）。

①ゴンペルツ曲線とまったく同じように平行に上がっていく場合（平行型）

②途中まで上がっていってある年齢のころに変曲点（変換点）を示し、それ以降は乖離する場合（乖離型）

③高齢期以前は、ゴンペルツ曲線と無関係なまま低い死亡率で推移し、高齢期から急速に上昇する場合（急峻型）

ここで重要なのは、生活習慣病について見ると、予防の有無により、そのパターンが異なることが知られているということ。

病気をまったく予防しなかった場合、がん、脳卒中、心臓病などの各疾患の死亡率パターンはすべて②の「乖離型」のパターンとなる。

病気の予防知識がなく、社会的にもまったく予防対策が実施されない状況では、その疾病で死亡するものは当然加齢とともに上昇しつづけるが、ある一定のところまでいくと、いわば死ぬべき人、つまり高（ハイ）リスク者は予防対策がまったく実施されないために、全員死んでしまうことになる。したがってそれ以降は、その疾病にたいする低（ロウ）リスク者だけが生き残ってゆくために、逆にその疾病の死亡率は低下することになるわけである。

一方、逆にもし該当する疾病にたいして完全な検診実施や生活指導などの十分な予防対

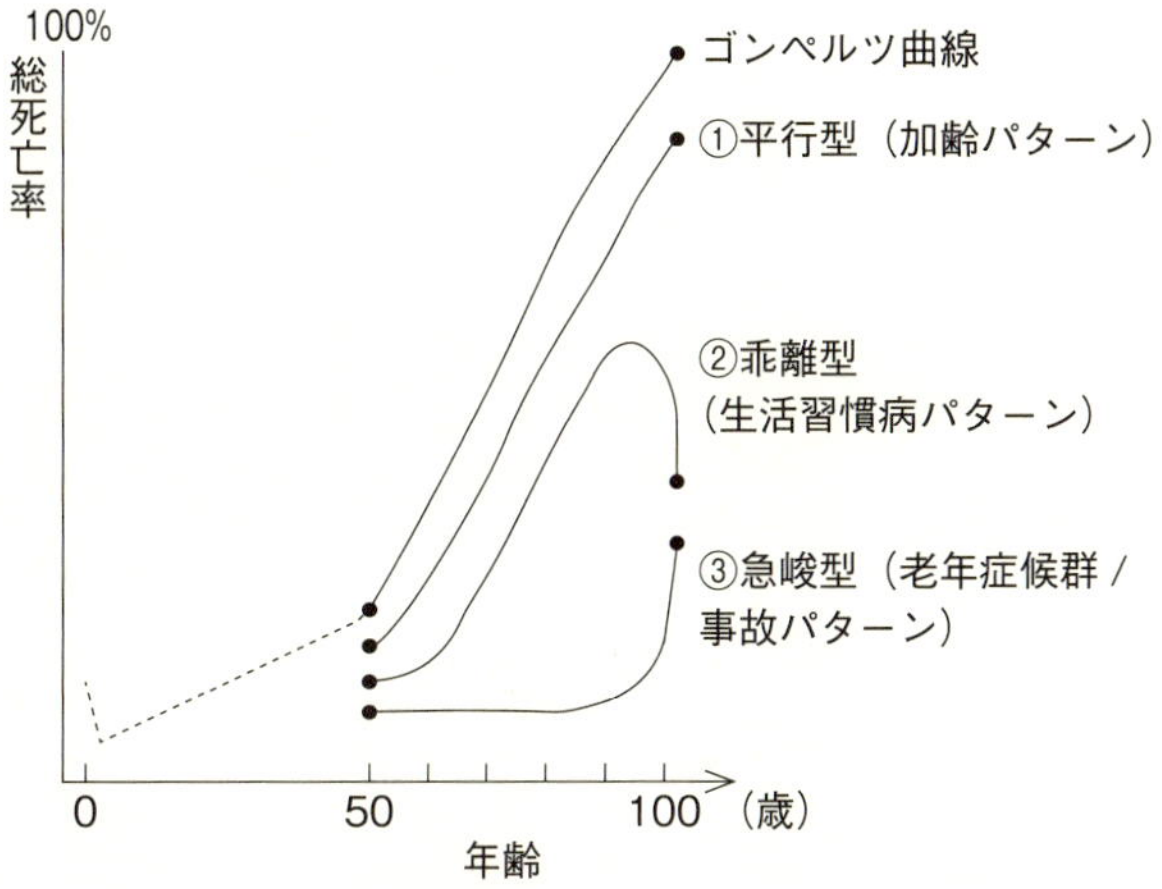

図3-1　ゴンペルツ曲線

策をした場合、すなわちハイリスク者の徹底的予防対策を講じた場合、その疾病の死亡率曲線はゴンペルツ曲線と平行に上昇する①のかたちになる。

該当する病気への予防対策によって、若年期から中年期あるいは老年期までもその病気による死亡が抑制、先送りされ、けっきょく加齢とともに死亡率が上昇するというゴンペルツ曲線と同じパターンを描くのである。

そして、もっとも極端な場合、すなわち中年期での生活習慣病が完璧な予防対策によってその死亡がゼロとなった場合には、その死亡パターンは③の「急峻型」となる。ちなみに現在の③の急峻型死亡率曲線の典型的パターンは、高齢者に出現する老年症候群（とくに転倒）、溺水、窒息などの事故による死亡によるものだ。

東日本大震災における高い死亡率など、災害弱者としての高齢者が浮き彫りとなったが、この場合の死亡率パターンがまさに事故による「急峻型」なのである。これはこれできわめて重要な問題なのだが、ここでは紙幅の都合もあり、また生活習慣病や介護予防とは直接関係しないため、これ以上は述べないことにする。

予防対策はほぼ飽和している

さて、実際のデータについて上記の関係性を実証してみることにする。

図3-2は一九五〇年の男性の年齢別の死亡率である。横軸に年齢、縦軸に総死亡率の対数をとっている。

直線を示すゴンペルツ曲線にたいして、がん、心疾患、脳血管疾患はすべて高齢期に変曲点（変換点）を示す「乖離型」の死亡率パターンを示している。この時代にはまったく疾病予防対策がなかったからである。乖離の変曲点はおよそ七十歳から七十五歳くらいのところに存在するが、このことは疾病予防の観点からきわめて重要な示唆を与えている。

一方、図3-3は最近（二〇〇三年）のデータである。

ゴンペルツ曲線は当然のことながら同じように直線であり変わっていない。一方、脳血管疾患、心疾患では明確な変曲点がなくなっている。がんだけわずかに残っているが、これはまだがんの予防対策が百パーセント十分ではないということを示している。しかし、これもおおよそ直線化してきていることは明らかで、このことは生活習慣病については死亡率曲線で見るかぎり、すでにその予防対策は飽和しているということを意味している。

この五十年のあいだに日本では国民にたいする公衆衛生的レベル向上を目的としたさま

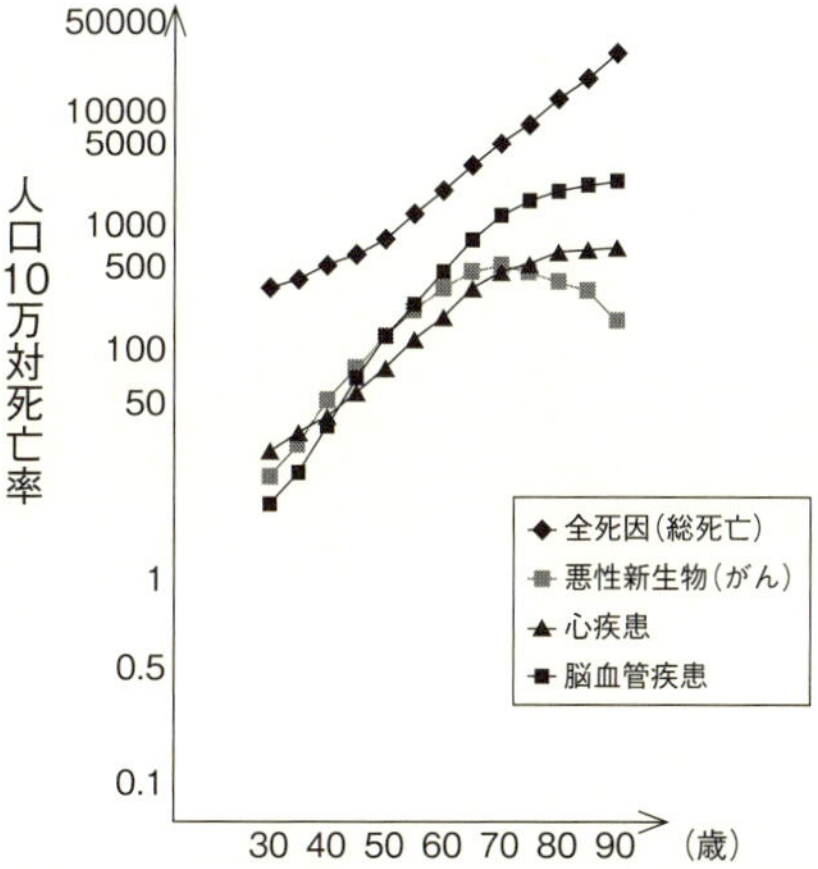

図3-2　1950年における男性年齢別、死因別死亡率

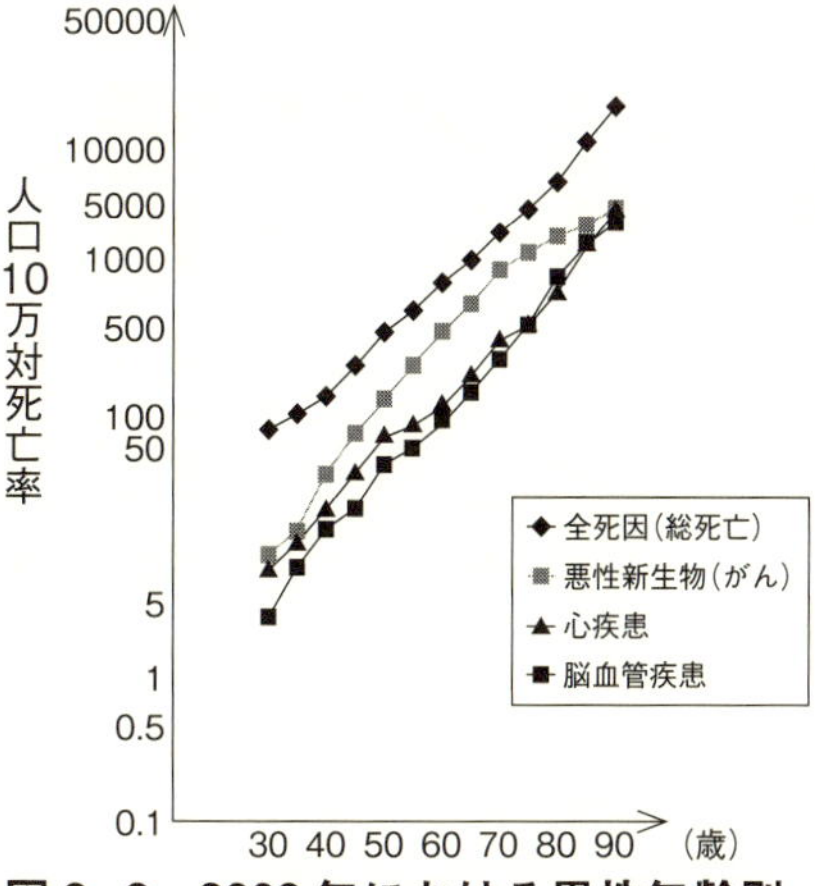

図3-3　2003年における男性年齢別、死因別死亡率

ざまな施策のもと、生活習慣病にたいする地道な予防対策の取り組みによって、また健康水準の向上と医療技術の著しい発展によって、生活習慣病による中年期の死亡を大幅に減らし、その結果、死亡率のパターンは「乖離型」から「平行型」へと変移してきたのである。

では、いつまで生活習慣病の予防対策をするのか？　百歳になってもやらなければいけないものなのか？　予防にかけるコストに見合う対策というものはいつまでが適切と考えるべきなのか？　答えは自明の理である。

変曲点の前でなければ意味がない

「乖離型」曲線の変曲点の前に、疾病予防はやらなければ意味がないのである。先に検証したように予防対策がおこなわれないために死亡が累積してゆくのは変曲点の前なのである。変曲点以降は（それ以前に）該当する疾病にたいするハイリスク者がすでに死亡してしまうために、当然ながら他の疾病による死亡が優位となる。したがって予防対策は変曲点以前でなければ意味がないということになる。

図で示してあるように生活習慣病における死亡率の具体的な変曲点はおよそ七十〜七十

五歳のあたりに存在している。ということは、それ以前が生活習慣病の予防対策を重視すべき時期であり、それ以降はむしろ介護予防にその重点を移すべき時期といえるのである。

もちろん、変曲点以降に該当する疾病で死亡するものは確実に、そして多数存在する。しかし、第二章で述べたように、ヒトはいつか必ずなんらかの病気で死亡する。結核をはじめとする感染症も脳卒中もがんも、死因として今後もけっして根絶することはないのだから、あるところで「見切る」ことも肝心なのだ。

いま述べたこととも関係するが、予防にかける費用（コスト）と得られる利益（ベネフィット）についても考慮すべきである。変曲点以降には疾病予防にかけるコストのほかに、加齢にともなう要介護状態の予防にかかるコストが必然的に発生する。高齢期の生活のQOL（生活の質、あるいは生命の質）を考えるときに、高齢者の健康の基本である「一病息災」あるいは時に「多病息災」の理念から見ても、病気の予防と同様に、いやむしろそれ以上に生活の自立に重点を置く介護予防に効率的・効果的な費用をかけることのほうが理にかなっている。

「死亡率」と「発症率」

わが国はほぼ半世紀にわたる疾病予防、とくに生活習慣病予防の取り組みの結果、死亡率から見るかぎり予防対策は飽和し、満足のできる状態にまで到達したといっても過言ではない。

このような状況のなか、本章冒頭で述べたように、国は二〇〇八（平成二十）年度から、生活習慣病の基盤となるメタボリック・シンドロームにたいする予防対策を徹底すべく、特定健診・保健指導の制度を発足させた。

これにはどういう意味があるのだろうか？　さらに（後期高齢者医療制度の同時発足によって）後期高齢者を対象外とするこの制度に意味はあるのだろうか？

答えは「意味はある」である。

まず特定健診に関して、その意義は「死亡率」よりもむしろ「発症率」あるいは「危険因子保有率」に帰することができる。

脳卒中を例に挙げるならば、かつて変曲点を有していた脳卒中死亡は、その発症が致命的であったことを意味している。すなわち、かつての日本人では動物性たんぱく質の摂取不足など栄養学的に必ずしも十分ではなかったために血管が脆弱であり、そのために初回に発生する脳卒中で死亡するリスクがきわめて高かったのである。

しかし、現在それが少なくとも変曲点以前においては、医療技術の向上や血清アルブミン値に代表されるような栄養状況の改善（おそらく脳内血管の脆弱性の改善も同時に意味している）によって必ずしも致死的ではなくなっているのである。このことはまた、現在の日本人では、脳卒中を発症してもすぐに死亡するのではなく、麻痺などの後遺症を抱え要介護の状態になることを意味している。

実際に介護保険のサービス受給のデータから見て、男性の前期高齢者での要介護状態のもっとも多い原因は脳卒中なのである。これは女性のそれとは際立った対照的なデータとなっている（四八ページ図2－5参照）。先述のように女性の要介護状態となる原因の多くは、後期高齢女性において転倒・骨折、老化にともなう身体の衰え、そして認知症などであり、男性と際立った違いを示している。

したがって、変曲点以前での死亡率は大幅に改善したものの、発症率についてはまだ十分な改善が見られない。たとえば脳卒中を発症すると、（急性期の死は免れるものの）その後の麻痺の後遺症によって生活機能は低下し、その結果、長きにわたり要介護状態となることが現在の状況なのである。

実際のデータで確認してみよう。脳卒中の多発地域である秋田県では、県全体を挙げてこの二十年以上にわたり脳卒中予防に取り組んできている。その結果、確かに脳卒中による死亡率は低下してきているが、年齢調整による脳卒中の年次別の発症率データでは、一九八五年から二〇〇五年まで発症率はまったく低下していない。男性はむしろ増加傾向に

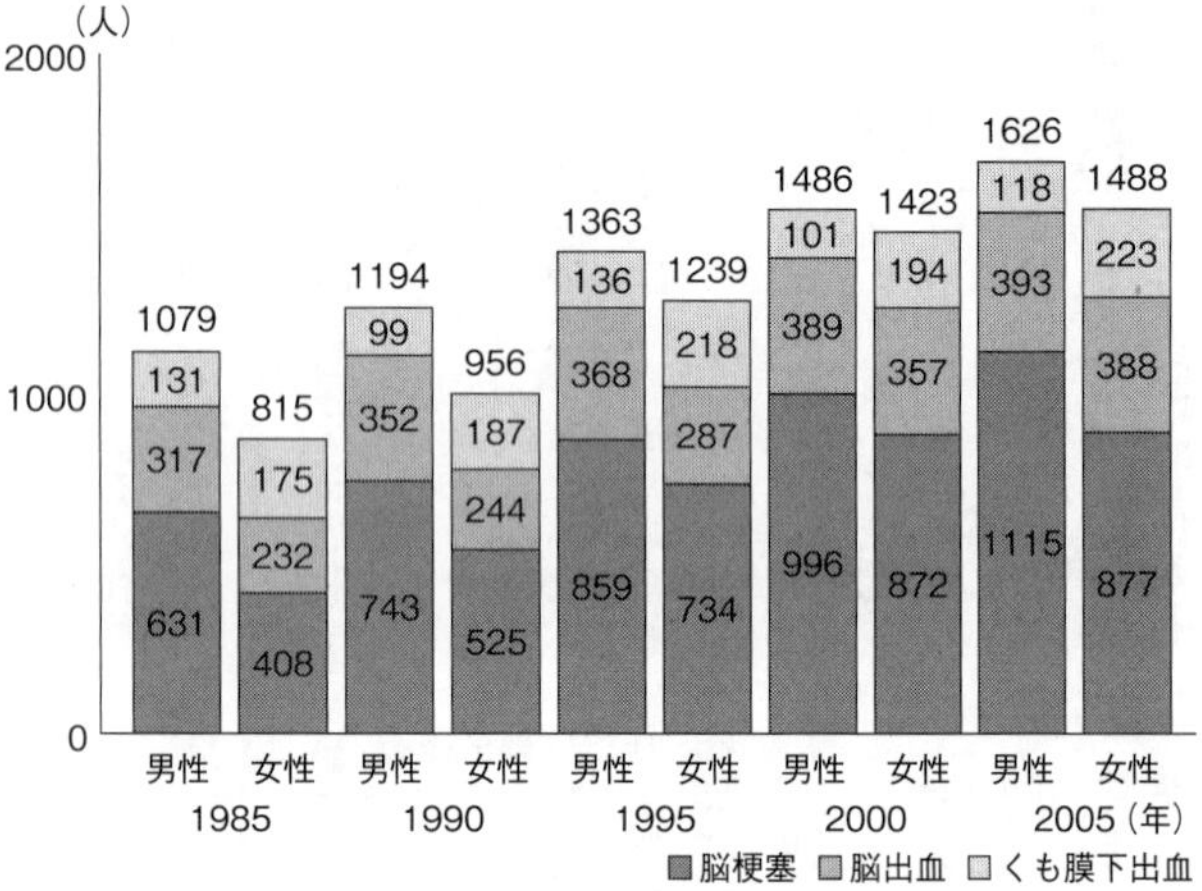

図 3-4　秋田県における初回脳卒中の発生数

（出所：鈴木一夫「秋田県の脳卒中危険因子の変遷」『日本循環器病予防学会誌』43-1，2008 年より）

すらある。さらには再発を除いた初回の脳卒中発生数の年次推移（図3－4）では、完全に右肩上がりとなって増加しているのである。

脳卒中などの脳血管疾患に関する危険因子（リスク・ファクター）についても、同様のことがいえる。九州大学が三十年以上にわたり実施している、住民を対象とした脳血管疾患の大規模な疫学的継続調査であり、世界的にも有名な「久山町研究」からの脳血管疾患リスクに関するデータから、男女とも総じていえることは、血圧に関する危険因子保有率は初期に低下し、その状態が維持されているが、血清総コレステロール値は増加し、その後は特に低下することなく維持され、さらには耐糖能の危険因子の保有率では確実に増加していることがわかる。

したがって今後も引き続き、わが国では疾病死亡のみならず、疾病発症とその後の要介護状態を減少させるためにも、中年期におけるメタボ対策や生活習慣病予防対策をいっそう普及させることが重要なのである。これはなにも医療費の削減だけが目的ではない。先に述べたように変曲点、すなわち七十歳ころまでが疾病予防の最適な時期であり、効率的かつ効果的に予防対策に取り組めると同時に、その後の要介護状態（特に男性）を実質的に抑制するためにも必要な対策なのである。そして変曲点以降、具体的には七十〜七十五歳以降は、疾病予防よりもむしろ介護予防の対策が重視されることになる。

高齢期において要介護状態となることを予防する具体的な方法とは何か？

いったい介護予防とは、誰が、いつ、どのようにやるのか？

それを次節で考えてみることにする。

2　これが老年症候群だ

老化の抑制のために

先ほど述べたように、高齢期の健康維持のためには男女での戦略の違いが明らかである。男性ではいかに血管の老化、すなわち動脈硬化をいかに抑制するかが重要であり、女性においては筋骨格系あるいは運動器系の老化をいかに抑制するかが重要となる。

中年期の男性がとくに注意しなければならない血管の病的な老化（動脈硬化）を予防するためには、まず禁煙が挙げられる。がんをはじめとする生活習慣病にたいする喫煙のリスクは、あらためてここで述べることでもないほどによく知られていることと思う。

もちろんメタボ対策の中心といわれる運動は必須である。推奨される運動の種類や強度も知られ、生活習慣病予防の科学的根拠も国内外に枚挙にいとまがないほどである。運動は疾病予防だけではなく、（変曲点以降の）介護予防にも大きな効果をもっている。中年期から高齢期にいたるまでの継続的な（少しずつ着実で根気強く続ける）運動こそが自分でできる最強の予防対策である。

女性における筋骨格系の老化予防は、高齢期における自立維持の視点から喫緊の重要課題である。日本の女性の平均寿命の著しい延びにより、閉経期（すなわち女性ホルモンの急激な減少による体内環境の変容）以降の骨粗鬆症の高頻度な発生に代表されるように、骨や筋肉といった運動器の衰えが目立つようになる。とくに今後著しく増加する後期高齢期の女性に圧倒的に多く見られるように、軽度の要介護サービスを必要とする状態をできるだけ予防し、先送りし、自立して生活できる期間を延ばすことが最大の目標である。

より具体的に対策方法を挙げるとすれば、中年期の生活習慣病予防にたいし高齢期においては、「老年症候群」をいかにして予防するかということである。とくに先に述べたような死亡率パターンにおいて七十〜七十五歳での変曲点以降では疾病予防対策よりもむしろ、介護予防対策によって（個人によってあらわれ方に差のある）老年症候群の一つ一つを改善し、高齢者の日々の生活の面での自立を重点的に支援していくべきなのである。

老年症候群、なかでもまだ比較的元気に自立して生活を営んでいる高齢者に忍び寄る、危険な老化はさまざまである。とくに現在、国が進めている介護予防の施策のなかで、転倒、低栄養、口腔機能の低下、認知機能の低下をはじめ、尿失禁、筋肉の衰弱、あるいは老化にともなう足の変形と歩行障害など、いずれも高齢期の生活に負の影響をもち、容易に要介護状態へと移行しやすい症状なのである。これらのサインをいかに早く発見し、いかに早く予防対策を取るかによって、高齢期の生活の自立や生活の質（ＱＯＬ）が大きく変わってくるのである。以下に代表的な老年症候群を見ていくことにする。

転倒、低栄養

介護予防にさいして、老年症候群の代表的な症候である転倒はもっとも重要かつ効果的な予防の対象である。

転倒は（骨粗鬆症と連動して）容易に大腿骨頸部《だいたいこつけいぶ》骨折などの重篤な外傷をもたらすだけでなく、たとえ外傷はなくとも転倒を経験すること自体が高齢者にまた転ぶのではないかという恐怖心を植えつけ、そのために日常の外出を控えたり、友人・知人との接触が少なくなったりするなど、「転倒後症候群」と呼ばれるような生活空間の狭小化やＱＯＬの低下を引き起こしてしまう（実際の科学的根拠については第四章で詳細に述べることにしたい）。

転倒だけではない。後期高齢者で独居高齢者や高齢者夫婦のみの世帯では低栄養も問題となる。

食事を作ることや時には食べることまで億劫《おっくう》になってしまうことが、このような高齢者では少なからず見られる。食の量と質の低下は知らず知らずのうちに血中アルブミン濃度の低下をもたらし、このことがさらに日常の活動性を低下させるという悪循環を生じさせることになる。

飽食ニッポンと呼ばれる今日においても、地域でふつうに暮らしている後期高齢者の約一割にこのような低栄養（すなわち、血清アルブミン濃度の低下）の状態にある方々が見出されるのである。

「食べこぼし」と「むせ」

さらに低栄養と密接に関連しているのが口腔機能である。

口腔機能は食物を口のなかに入れて、十分に嚙む（咀嚼《そしやく》）、適切に飲みこむ（嚥下《えんげ》）という主として二つの大切な機能からなっている。若い人びとにはまったく理解しがたいことかもしれないが、加齢にともなってこの口腔機能が明らかに低下する。

その兆候はいくつかあるが、たとえば食事の「食べこぼし」や「むせ」が増えることなどである。とくに危険なのが夜間・睡眠中の無意識の状態で発生する「むせ」である。この無意識での「むせ」や「咳《せ》きこみ」は、口腔に湧き出たつばを本来であれば食道へと飲みこむべきところを、嚥下反射の低下によって気道へと誤って飲みこむことがその原因なのである。

「むせ」ということは嚥下機能の老化にほかならない。これは高齢者に頻発し死亡原因の第四位ともなっている肺炎、なかでも誤飲性、誤嚥性肺炎の直接の原因となる現象であり、早急な対応が求められるものである。誤嚥性肺炎は嚥下をコントロールしている喉《のど》の筋力や反応性などの機能低下によってもたらされるものであり、たとえば舌の運動など歯科医や歯科衛生士らの適切な機能回復指導により十分予防が可能なのである。

尿失禁、足の変形

さらによく遭遇する老年症候群として、尿失禁や、足部の扁平足《へんぺいそく》や外反母趾《がいはんぼし》といった変形による痛みや歩行障害などがある。これらはまた高齢期の閉じこもりと密接に関連する。

尿失禁については軽度のものを含めると高齢女性の三〜四割に出現する。尿失禁によって友人と会うなどの社会活動性の制限が見られ、自信の喪失や失禁不安によって日常の外出を控え、閉じこもり状態へと移行する。

また、足の変形による歩行の困難性も多発するものである。女性で七十歳を過ぎると、かなりの頻度で「土踏まず」を形成する足のアーチ（骨格）が低下し、扁平足そして開張《かいちょう》足《そく》になりやすい。その結果として外反母趾・内反小趾《ないはんしょうし》が発生し歩行時に足が痛む状態となる。日常の買い物などの外出すら困難となり、閉じこもりがちになる。このような高齢期の足部変形については、適切な素材を用いたインソールの調整による靴の改良によっても改善が見られることが少なくない。

思いこみは禁物

ここまで代表的な老年症候群について述べたが、認知機能の低下や筋肉の衰弱については第四章でも詳しく述べる。いずれにしても高齢期の生活機能を侵す老年症候群は数多く知られているが、それらの特徴は以下のようにまとめられる。

(1)明確な疾病ではない（「年のせい」とされる）
(2)症状が致命的ではない（「生活上の不具合」とされる）
(3)日常生活への障害が初期には小さい（本人にも自覚がない）

これらのことから、「老年症候群」を有する高齢者であってもそれを「年のせい」と思いこみ、病院などの医療機関への受診は少なく、また医療側での対応も一定の基準やマニュアルといったものが整備されていないため、対応できていないのが現状である。また「老年症候群」にたいする対策は（血圧や総コレステロール値などの）明確な指標が設定しにくいことも病気の治療とは異なっており、高齢者本人も自覚しづらい面があり、対応が難しい一因となっている。

しかし多くの老年症候群、とくにそれらの初期には自己の努力である程度予防したり、悪化を防いだりすることが可能である。とくに最近では、これらの老年症候群の多くの症候にたいして科学的にもっとも推奨される手法であるランダム化比較試験（Randomized Controlled Trial＝RCT）によって、個々の症候にたいする介入プログラムが有効であるか否かが確認されている。

RCTは論文化され厳しいレビューのある国際的な学術雑誌に多数報告されている。数ある老年症候群のなかで、転倒予防、低栄養予防、尿失禁予防、足の変形による歩行障害の予防、軽度認知症にたいする予防などは、いずれもRCTを経て適切な介入が有効であることが示されている（第四章参照）。

「お達者健診」

老年症候群の早期発見と早期対策は高齢者において疾病予防以上に重要な意義をもっている。もっとも重要なことは、みずからが老年症候群のさまざまなサインに気づくことであるが、推奨される効果的・効率的方法は健診（検診）のしくみを活用することである。

わが国は戦前から戦後にかけて死亡原因の第一位を占めていた結核（感染症）にたいする早期発見と早期治療を目的として検診のしくみを発達させてきた。昭和三十年代からは結核に代わり、がん、脳卒中、心臓病などの（非感染症である）生活習慣病にたいしても効果的な対策として活用され、現在にいたっている。

わが国の検診システムは他の国に例を見ないほどに国民に広く受け入れられ、世界一の長寿大国に押し上げてきた大きな原動力であった。今後は若年から中年期の生活習慣病予防（そして変曲点以降の介護予防）のための検診を一段と充実させることはもちろんであるが、進行した高齢社会にあっては高齢者の生活機能の維持・向上のために老年症候群を早期発見し、早期対応するためのシステムとしても発展的に活用するべきである。

私たちがこの理念にもとづき、二〇〇一（平成十三）年からモデル的に開始したのが東京都板橋区で地域在宅高齢者を対象とした「お達者健診」である。

「お達者健診」ではもちろん、高血圧や糖尿病など必要最低限の（高齢者に多い）疾患もチェックし対応してゆくが、基本的な理念としては個々の高齢者の生活機能や老年症候群の有無を確認することがもっとも重要な機能である。

たとえば「お達者健診」では、生活機能のみならず生命予後にまで大きな影響をもつ歩行能力についての検査は必須である。

具体的には、どのぐらいのスピードで歩けるのかを測定する。

目安としては、横断歩道の歩行者信号を渡れるスピード（およそ秒速一メートル）で歩けるのかどうかである。スピードと同時に歩行時の揺れや不安定性はないか、というような歩行に関する項目を重点的に確認してゆく。また最近の転倒の経験の有無やつまずきの有無など転倒の危険性（リスク）があるか否かを確認してゆく。

失禁についても軽度な場合にはまず医療機関を訪れることがないことから、丹念な聞き取り調査によって、ごく軽度な失禁も（軽度であればあるだけ予防と改善の余地が大きいことから）明らかにしてゆく。とくに女性は筋骨格系が弱いことから、骨や筋肉の状態を十分に確認することが大切である。

さらに、認知機能がしっかりしているかどうか、歯科医師や歯科衛生士による口腔機能（咀嚼能力および嚥下機能など）の確認、血清アルブミン値を含めた低栄養の有無等々、先に述べた主要な老年症候群の一つ一つについて「お達者健診」では確認していくのである。

不断の自助努力が必要

このような高齢者の生活機能や老年症候群に焦点を合わせた健診によって、なんらかの危険性をもつ高齢者、すなわちハイリスク高齢者が抽出されてくることになるが、そのようなハイリスク高齢者にたいしては、科学的に有効性の確認された介入プログラムを提供することになる。

それが転倒予防であったり、尿失禁予防であったり、低栄養予防であったり、認知機能低下予防の対策であったり、あるいは生活機能の全体的な向上にたいする介入であったりということで、いわば健診から具体的な予防にいたるまでシームレスにおこなわれなければならない。

今後の超高齢社会において高齢者の健康を維持するためには、いつまでも金太郎飴を切ったように病気の予防だけをするのではなく、より重要な健康の要素である生活機能の維持向上と要介護状態となることの予防を、どう保障するかを国民全体が基本的コンセンサスとして受け入れるべきであろう。

また、こういった、高齢者の生活機能に着目した健診を積極的に受診した方々と未受診の方々とのあいだには、(受診行動を調整してもなお) その後の追跡調査によって死亡率に大きな差のあることが確認されている。ここでいえることは、病気の予防だけではなく、むしろいかに高齢期の生活機能にかかわる問題の早期発見と早期対応が重要であるかということなのである。

介護保険によって保障される虚弱高齢者や障害をもつ高齢者への支援や介護は、いわば最後の社会的セーフティ・ネットであり、わが国のような (超) 高齢社会にあっては最後まで安心して暮らせるためにも必要不可欠なしくみである。

しかし、高齢期（とくに後期高齢期）にあっても虚弱化や障害をいかに先送りするか、最後まで自立した生活をいかにして営んでゆくか、そのためには自分自身が老年症候群などの危険な老化にいかに早く気づくか、そしていかに早くその対応策を適切に受け入れ、みずからどれだけ積極的に対処するかが、きわめて重要なのである。なにもむずかしいことを強制するわけではないが、不断の自助努力が必要であることはいうまでもない。

3　介護保険制度が発足して何が変わったか

サービス利用の実態

介護保険の開始以来、そのサービスを利用する高齢者が着実に増えてきている。

介護保険は生活機能が低下し、自立した生活が困難となった段階での、いわば最後の社会的セーフティ・ネットであり、その利用が増加したということは、それが国民に広く認知されてきたということである。保険の基本は払った保険料にたいしてサービスを受けるという契約であることから、利用率の増加は必ずしも悪いことではないかもしれない。しかし、軽度の要支援者、要介護者がとくに増えてきていることには注意が必要である。

軽度のサービスを必要とする障害の多くは老年症候群が関与しており、それはより早い段階で高齢者みずからの気づきと自助努力にもとづく予防対策によって、ある程度改善する可能性が高い。にもかかわらず、とくに後期高齢期の女性における虚弱化の進行とそれにともなう生活機能の低下が、介護保険における軽度サービス利用の著しい増加につながっていることは否定できない。

一方、国の施策としての介護予防は二〇〇六（平成十八）年に開始されたが、まだその歴史が浅いこともあり、現時点では必ずしも十分に機能しているとはいいがたい。

介護予防サービスを受ける高齢者を当初五パーセントと想定していたが、現在でもたかだか〇・五パーセントぐらいであり、その利用率は低迷を続けている。

ひとつには残念ながら、一般にもそして高齢者本人にもその認知度が低いことにある。

病気の予防は（その歴史も長く）よく認知され、健診や人間ドックなどの利用も広く認知されている。それでも、現在の特定健診受診率は（保険者によっても異なるが）低い場合には三〇パーセント台に留まっているのが現状である。いわんや介護予防という施策・サービスをや。

恥ずかしくて気づかない

もうひとつの問題は、たとえ高齢者に老年症候群や要支援・要介護状態に陥るリスクが高くても、自分には関係がないとか、自分の体のことを他人に知られるのは恥ずかしいという感覚である。

・つまずき、転んでも、ケガがなければそれでよしとしてしまう。
・夜中に突然むせても、そのサインが何を意味するかわからない。
・多少の物忘れがあってもしかたがないと、自分に言い聞かせてしまう。
・軽度の尿失禁があっても、どこに相談してよいかわからない。
・足の変形で歩くことがつらくなっても、年のせいだからと思う。

わが身に起きている危険な老化あるいは要介護状態の始まりに気づかないのである。これからは家族や周囲の方々も含めて、さまざまな危険な老化のサインを早く感じ取ることが介護予防、そして生活の自立の第一歩となる。

と同時に、より効果的・効率的なスクリーニングの方法の開発も必要であるし、介護予防のフロンティアである地域包括支援センターでの適切で迅速な対応やケアマネジメントのありかた、実際のサービス提供への流れなどを一般の方々にもっと身近なものとして知らせるよう行政の側も不断の努力が必要である。

しかし、当初から介護予防にかかわってきた者として、介護予防施策が開始されて五年たったいま（二〇一一年）、国や自治体はそれぞれのレベルでの解決すべき課題が抽出され、改善の方策も少しずつ着実に実行されていることは確信をもって明言できる。

なかでも第五期（平成二十四年度以降〔二〇一二年四月以降〕）の介護保険制度における介護予防の動向を見据えたかたちで実施されているのが、「システムとしての介護予防」である。

ひとつは生活機能評価の入り口となる基本チェックリストの完全実施である。

また、ハイリスク高齢者のみを直接的に抽出する「ハイリスク・アプローチ」だけではなく、一般の高齢者においても高齢者集団全体で広く介護予防に取り組む「ポピュレーション・アプローチ」の重視など、より広範な啓発普及を含めた総合的対策が進行している。

八月六日通達の意味

二〇一〇（平成二十二）年八月六日は介護予防事業においては、大きな節目となった。

この日、厚生労働省は地域支援事業実施要綱の改正を通達した。その趣旨を「介護予防事業の課題として、対象者（特定高齢者）の把握が進まないことや、（地域包括支援センターでの）ケアプランの作成にかかわる業務負担が大きいことなどの課題があり、これらに対応するための改正」としている。

介護予防事業をおこなうためには、当然要介護状態となる危険性をはらんでいる高齢者（ハイリスク高齢者）を適正に、できるだけ早く把握する必要がある。

その把握のしくみとして、最初に「基本チェックリスト」（図3－5）と呼ばれる二十五項目からなる質問票がある。これに高齢者みずから回答していただき、

・生活機能はしっかりしているか？

・転倒などの運動器に虚弱化がないか？

・低栄養や口腔の噛むあるいは飲むなどの咀嚼・嚥下機能が衰えていないか？

などを確認することからすべてが始まる。

次にこの基本チェックリストでなんらかの（要介護となりやすい）危険性のあるハイリスク高齢者（これを「特定高齢者候補者」と呼んでいた）を健診（介護予防健診）へと誘導し、そこで

	1	バスや電車で1人で外出していますか	0. はい	1. いいえ
	2	日用品の買い物をしていますか	0. はい	1. いいえ
	3	預貯金の出し入れをしていますか	0. はい	1. いいえ
	4	友人の家を訪ねていますか	0. はい	1. いいえ
	5	家族や友人の相談にのっていますか	0. はい	1. いいえ
運動器の機能向上	6	階段を手すりや壁をつたわらずに昇っていますか	0. はい	1. いいえ
	7	椅子に座った状態から何もつかまらずに立ち上がっていますか	0. はい	1. いいえ
	8	15分位続けて歩いていますか	0. はい	1. いいえ
	9	この1年間に転んだことがありますか	1. はい	0. いいえ
	10	転倒に対する不安は大きいですか	1. はい	0. いいえ
栄養改善	11	6ヵ月間で2～3kg以上の体重減少がありましたか	1. はい	0. いいえ
	12	身長　　　cm　体重　　　kg　(BMI　　　)(注)		
口腔機能の向上	13	半年前に比べて固いものが食べにくくなりましたか	1. はい	0. いいえ
	14	お茶や汁物等でむせることがありますか	1. はい	0. いいえ
	15	口の渇きが気になりますか	1. はい	0. いいえ
閉じこもり	16	週に1回以上は外出していますか	0. はい	1. いいえ
	17	昨年と比べて外出の回数が減っていますか	1. はい	0. いいえ
認知症	18	周りの人から「いつも同じ事を聞く」などの物忘れがあると言われますか	1. はい	0. いいえ
	19	自分で電話番号を調べて、電話をかけることをしていますか	0. はい	1. いいえ
	20	今日が何月何日かわからない時がありますか	1. はい	0. いいえ
うつ	21	(ここ2週間) 毎日の生活に充実感がない	1. はい	0. いいえ
	22	(ここ2週間) これまで楽しんでやれていたことが楽しめなくなった	1. はい	0. いいえ
	23	(ここ2週間) 以前は楽にできていたことが今ではおっくうに感じられる	1. はい	0. いいえ
	24	(ここ2週間) 自分が役に立つ人間だと思えない	1. はい	0. いいえ
	25	(ここ2週間) わけもなく疲れたような感じがする	1. はい	0. いいえ

(注)BMI〔＝体重(kg)÷身長(m)の二乗〕が18.5未満の場合に該当とする

図3-5　基本チェックリスト

「生活機能評価」すなわち健診に携わる医師による医学的所見の確認により、医学的対応が必要な者、介護予防の対応が必要な者、さらに介護予防でのサービス提供時の安全管理について判定と交通整理をおこない、最終的に事業対象者（これを「特定高齢者」と呼んでいた）を把握するのである。

八月六日通達の主要な点は、右のプロセスのなかで第二段階にあたる「介護予防健診を通じた（特定高齢者確定のための）生活機能評価」を削除するというものだった。具体的には生活機能評価のための健診を義務化しないこと、すなわち介護予防事業において健診を必ずしも受診することなく、介護予防事業へと導入することを認めたのである。

この改正の最大の理由は健診が介護予防事業にたいしても、あるいは費用対効果の視点からも十分有効に機能していなかったことにある。

現在の日本において、健診はどうあるべきか

ひるがえってみると、わが国は世界的にも珍しい健診のしくみの発達した国である。先述のように、健診は二次予防の中心としてより古くは結核などの感染症の患者の早期発見・早期治療をおこない、昭和三十年代からは生活習慣病を早期発見し早期治療に誘導することで、国民の健康水準の維持・向上に大きな貢献を果たした。現在のわが国が世界一の長寿大国として誇れることになった最大の要因のひとつに、この疾病予防を目的とした健診があるといっても過言ではない。

だが、健診もまた社会の実態に合わせて、その内容と質を変えてゆかなければならない。

では現在の日本において、健診はどうあるべきなのだろうか？

もちろん、中年期の人びとには生活習慣病予防対策としての機能は重要である。だからこそ国は二〇〇八（平成二十）年から特定健診（いわゆるメタボ健診）を導入し、一段と強力な生活習慣病対策に乗り出したのである。

しかし、高齢者においては、本書で随所に述べているように疾病予防同様、あるいはそれ以上に生活機能の低下や障害をいかに予防するか、すなわちどのように介護予防を実施するかが重要な時代であり、社会となったのである。この健診の有する意義が明確に理解されないと高齢社会での健診というのは機能不全に陥る。

残念なことに介護予防における健診は、する側とされる側の両方に十分な理解を得られていなかったといえる。そして十分な効果を生み出す前に、いわば整理されたかたちとなってしまった。残念なことだが、疾病予防と介護予防を交通整理すべき医師の側に、（疾病予防はともかくとして）介護予防の明確な概念とそのための具体的対応が十分に理解されていなかったことも主な原因のひとつであろう。

質的な転換は避けられない

今日の高齢者、とくに後期高齢者を対象とする医療の場においては、これまで戦後半世紀をかけて構築してきた病院での治療を中心とする専門分化型医療の限界、さらには「死は敗北」とする医療の限界が明らかになり、地域や在宅での人生をまっとうするべく生活全般をも包括し、「支え癒す医療」の新たな構築が求められている（第五章参照）。

同じようにわが国では高齢社会のなかで、疾病予防から生活機能の維持・向上と介護状態となることとの予防対策への質的な転換が避けられない時代へと入ったのである。国民、わけても高齢者の健康水準の変容とそれにともなう医療や健診のありかたに関して、医師も他のメディカルスタッフも、今後の高齢者の健康に関して本質的な理解が必要となっている。

わが国では、今後の著しい高齢社会の進展を見据えたうえで、在宅医療とケアの必要性が高まり、そのためにも介護予防の重要性が緊急の課題とされているにもかかわらず、両者ともその進展は必ずしも順調というわけではない。この障害を乗り越えるには医療関係者をはじめとする高齢者の医療と福祉にかかわるさまざまな職種の人びとの十分な理解と主体的な取り組み、そして地域を中心とするネットワークが必須の条件なのである。

わが国において疾病予防が功を奏し、健康長寿大国を築くまでに五十年以上の歳月と努力を必要とした。一方、介護予防は始まってまだ五年である。「事業仕分け」というショーアップのなかで、介護予防にたいしてもさまざまな意見があったが、はじめから「全国民が納得」し、わずか数年で介護保険料の削減に結びつく「顕著な効果」というのはそもそも無理な話である。

けれども、高齢期には介護予防は疾病予防と同じように大事であり、人生の最期まで自分らしく尊厳をもって生きていくためには、積極的な保健行動を含む自助努力と科学的根拠にもとづく対策が必要であることを、国民の一人ひとりに少しでも理解してもらえるよう、これからも根気強い（草の根的な）取り組みが必要であることはまちがいない。

第四章　老化について科学的に議論するために

1　科学的試験によって実証する

リスクの軽減、改善

高齢者にたいする病院などでの薬物治療であれ、地域（自治体）での日々の生活の自立を保持するための介護予防の取り組みであれ、それが確実に効果的であるか否かは、科学的に明確にしておかなければならない。とくに国が国民に広く呼びかけ参加をうながす保健事業において、まったく無意味で効果のない取り組みを、国民の血税を使っておこなうことなどあってはならないことは自明の理である。

そのために、実施される介護予防も含めてさまざまな保健施策に関しては、その事業効果が十分に確認されていることが原則となる。二〇〇〇（平成十二）年に開始された介護保険は、二〇〇六（平成十八）年に改定され、予防対策すなわち介護予防が大きな柱として新たに制度設計がなされたが、この介護予防についても科学的な効果の検証が必須であることはいうまでもないことである。

介護予防に関しては本書でもすでに紹介してきたところだが、この事業の目的は、高齢者の方々に「自分らしい生活と生きかたを創っていただく」ことへの支援である。

具体的には「心身の機能の改善」を基盤とし、「生活行為」や「参加」など総合的に「生活機能」と呼ばれる高齢者の生活全体を向上させることにより、「自己実現」や「生きがい」を支えるための自助・共助の取り組みということになる。そのためには、介護予防においては日常生活において、加齢にともなって出現する不具合や危険な老化のサインを早期に発見し、早期に適切なかたちで対応することが第一歩となる。

これまでわが国では老化に関するさまざまな研究、とくに老化に関する長期的な縦断的疫学研究から、

・どのような高齢者が最後まで元気に自立して健康的に過ごすことができるのか？

という視点での予防因子や危険因子が、かなりよくわかってきている。

これは言い換えると、

・どのような高齢者が、どのような自覚症状や徴候（危険な老化）を示すことで容易に要介護状態となってしまうのか？

という問いへの答えでもある。すなわち第二章で紹介したような「老化に関する長期縦断研究」（四〇ページ参照）などの老化の観察型研究から、要介護や生死に影響を及ぼす危険因子（リスク・ファクター、あるいはたんにリスクともいう）がすでに数多く抽出されているという

ことである。

しかし、最も重要な課題は、

・抽出された要介護状態となるリスクを有する高齢者を、なんらかの適切な方法を用いてそのリスクを軽減したり、改善したりすることができるだろうか？

ということである。いくら危険因子を探し出して、ただ単に「あなたは危険な状態です」といってみてもまったく意味がない。実際にそのリスクを減少させたり、解消させたりする方策を提供しなければ、現実的な解決策にならないのである。

その意味で、わが国では、リスクを探す研究は多いのだが、残念なことに、そのリスクを改善するための科学的研究がきわめて乏しい状況である。介護予防においても同様である。どんなに大変であっても、高齢社会で新たに生じる健康問題の解決にはこのように実際のリスクを解消する科学的取り組みが最も重要なのである。

科学的証明が必要

たとえば高齢期では（若いときにはけっしてなかった）「転ぶ」、すなわち転倒が頻繁に起きてくる。とくに高齢の女性に転倒は多く発生する。これまでの多くの研究から、六十五歳以上の高齢者ではそのおよそ三分の一が、一年間に一回以上転倒することが明らかとなっている。

転倒はケガの元であり、骨折など重大な外傷をもたらす。たとえ転倒してケガがなくとも、その後転倒を恐れる転倒恐怖感が生まれ、そのために外出を控えるなど生活空間を狭め、日々の生活にマイナスの影響を及ぼすことが明らかとなっている。

転倒のリスクは数多く知られている。その最大のリスクは、

・最近一度でも転倒を経験したこと

であり、次いで、

・歩行能力の衰え、筋力やバランス機能の低下

である。とくに「一度でも転倒を経験した」高齢者はそうでない高齢者に比べ、四～五倍にリスクが高まる。このような転倒のリスクを有する高齢者を健診や日常診療で発見することは比較的容易である。

しかし、重要なのは、いま述べたように、なんらかの適切な方法を用いて、高齢者のもつ転倒のリスクを軽減したり、あるいは（その取り組みによって）ほんとうに転倒が減少したりするかどうかを、科学的方法によって評価しうるか否かである。

転倒のリスクとして先述のように筋力やバランス能力、そして歩行能力の衰えがあるのだから、それらの身体能力を高めれば、転倒の発生を軽減し、転ばなくなるはずである。

しかし、それを科学的レベルできちんと証明しようとすると、世界的にある一定の基準にもとづいた方法を用いて評価しなくてはならないことになっている。

以下にその方法について述べるが、実際に取り組んでみるとかなり困難であることがわかる。世に喧伝されている「若返り法」や「老化予防法」の多くは、科学的根拠にもとづいておらず、単なる個人的な経験や感想にすぎないのが事実である。どんなに困難であっても、世界基準にもとづく一定の方法によってしか、唯一科学的根拠を与えることができないのであり、不可避な研究なのである。

世界水準に合致して科学的根拠を与える唯一の方法

転倒の例で続けて説明しよう。

もっとも簡単な評価方法は、

■転倒リスクを有する高齢者の方に（体育館などに）「自発的に」集まってもらい、筋力アップやバランス能力向上の運動をしてもらい、その結果、身体能力が向上し、その後転倒も減少したことを確認する。

というやりかたである。

しかし、これは世界的水準にはまったく合致していないのである。それは対象とした高齢者が「自発的に」強い意志をもって転倒を克服しようと集まった、いわば偏りのある（これを「セレクション・バイアス」という）方々であるため、参加者自身がよい結果を出そうとする努力と心がけによって、生み出された効果（ローゼンソール効果）の可能性が強いからである。

したがって、身体機能を高める運動の取り組み（これを「介入」という）のみが純粋に転倒を減少させたか否かは、

■対象者はクジ引きなどで（「自発的に」ではなく）無作為に選定し、「筋力アップなどのための運動をする高齢者のグループ」（介入群という）と「とくに何もしない高齢者のグループ」（対照群という）に割り振ったうえで、ある一定期間の運動の有無が転倒にたいし効果があったか否かを検証する。

というやりかたを取らなければならないのである。

このような方法は「ランダム化比較試験」あるいは「無作為割付比較介入試験」と呼ばれ、略して「RCT」といわれる評価方法（八〇ページ参照）で、これこそが世界水準に合致して科学的根拠を与える唯一の方法といってもよい。

RCTは、たしかに科学的にはレベルの高い評価方法ではあるが、対象者を（この転倒にかかわる研究の場合は）「運動をする高齢者グループ」と「何もしない高齢者グループ」とに

（本人の意思ではなくクジ引きのような無作為により）振り分けるという〝荒業〟をおこなうことが前提となっており、その実施は簡単ではない。

ＲＣＴを実施するにあたっては、事前に研究機関での倫理委員会の承認や本人にたいしての「説明と同意」がもちろん必要である。さらに実施上の対応策として、両グループから実施期間中に脱落者が極力出ないような対応や、両グループ間に大きな不公平が残らないように「介入（施策実施）」の時期をずらすクロスオーバー法などのいわば一手間を工夫しなければならず、実際の実施に当たっての困難は相当なものがある。

しかし、わが国で着実に普及している介護予防事業については、プログラムの提供を受ける高齢者はもちろんのこと、プログラム提供をおこなう側である地域包括支援センターの保健師などの実施者にたいしても、確実な効果が科学的に検証されていることを理解してもらうことこそが、今後の適切な予防事業の安心と安全な普及には欠かすことができないのである。

これから次節にかけて、高齢期の健康とＱＯＬを容易に低下させる、いくつかの危険な老化あるいは老年症候群と呼ばれる症候について、わが国で実施され、その科学的効果が確定されているＲＣＴを紹介することにしよう。

まずは地域高齢者を対象とした転倒予防のための運動介入についての結果から。

転ばぬ先のＲＣＴ

この研究は、東京都西部のある市の在宅高齢女性百十名（七十三〜九十歳）にたいして、説明と同意を実施し、承諾の得られた五十二名について「転倒予防プログラムを実施した人々（介入群）」（二十八名）と「とくに何もしていない人々（対照群）」（二十四名）とに無作為に割り付け、前者にたいしては筋力、バランス能力および歩行能力の改善と強化を目的とした六ヵ月間の転倒予防プログラムを実施したものである。

プログラム実施にさいしては、参加した高齢者の体力の程度や痛みの有無などの個人差を考慮して、三つのグループに分けて運動プログラムの強度を調節した。全十回の身体機能強化のための転倒予防プログラムでは、足・腰・腹部に適当な負荷がかかる筋力強化のための運動をはじめ、バランス・歩行能力の改善につながる運動の習得を目的として実施した。

その間、家庭でもセラバンド（筋肉の伸縮トレーニング用ラバー）などを用いて運動継続ができるよう指導し、六ヵ月間のプログラム終了後に、「プログラムを実施した人々」および「とくに何もしていない人々」の両者について、転倒の有無などの聞き取り調査と身体機能の測定をおこなった。さらに初回調査時から二十四ヵ月目まで、最終的結果ともいえる転倒発生についての追跡調査をおこなったのである（事前調査を含めた準備から終了まで三年かかったのである）。

その結果、まず転倒予防プログラム実施者の転倒予防教室への参加率は、六四・三〜八五・七パーセントであり、平均参加率は七五・三パーセントとかなり高い参加率が維持されていた。体力の主観的変化についてプログラムを実施した人々では、歩行が安定したと思う者は六六・七パーセント、足の筋力が増強したと思う者は五五・六パーセントであった。

さらに、六一・一パーセントが自分自身で転倒を予防できる自信があると答え、六ヵ月間の転倒予防プログラムによって、主観的健康感の増加あるいは転倒への克己心《こっきしん》が得られている。高齢者の転倒を予防するためには、本人が転ばないという自信をもつことも大切な要素であり、プログラム実施によって精神的にも明らかに好ましい結果が得られている。六ヵ月間のプログラム実施によって握力、膝の伸展筋力、あるいは歩行速度などの身体機能に及ぼす影響についても、プログラム実施者のみで有意な改善が得られている。

さらに主要な目的であった二年間の追跡期間中の転倒発生頻度については、もともと初回調査時では「とくに何もしていない人々」で一六・七パーセント、「プログラムを実施した人々」で一四・三パーセントであり、有意な差はなかった。

転倒予防プログラム実施後の転倒発生は、十二ヵ月間と二十四ヵ月間で追跡し確認されているが、十二ヵ月目では「とくに何もしていない人々」では四〇・九パーセントと増加し、「プログラムを実施した人々」では一三・六パーセントと若干減少した。さらに二十四ヵ月目では前者は五四・五パーセントと増加したのにたいし、後者は一三・六パーセントと転倒率は変わっていなかった。

ほんらい七十歳を超えた高齢女性は平均で約三割の方が転倒すると報告されていることから、「とくに何もしていない人々」では二年間で五四・五パーセントという高い転倒発生があったものと考えられる。この結果、両者の間の転倒発生割合には統計学的に有意な差が認められ、適切にプログラムされた運動の実施によって、転倒発生はその後一～二年間は明らかに予防可能であり、地域における転倒リスクの高い高齢者にたいして転倒予防の効果的な取り組みの可能性を示唆していたのである。

高齢期における骨粗鬆症を基盤とした転倒は、大腿骨頸部骨折をはじめとする重大な外傷をもたらす。転倒による死亡も加齢とともに増加する。最近では骨粗鬆症自体も長期的な観察研究から死亡率を増加させることがわかってきた。今後は高齢者に対し、骨粗鬆症と転倒の両者をセットにして予防することの重要性が明らかとなってきたのである。

2　尿失禁と認知症の予防

尿失禁の四つのタイプ

老年症候群のなかで高齢者における尿失禁（尿漏れ）の発生頻度は高い。

わが国の疫学調査では、月に一回程度の軽度な者から、ほぼ毎日失禁があり頻回に下着の交換が必要となる比較的重い者まで含めた場合の尿失禁のある者は六十五歳以上で、

女性三二・九パーセント（下着交換の必要は一一・三パーセント）
男性一五・八パーセント（同七・四パーセント）

との報告がある。

尿失禁そのものは直接生命にかかわる疾患ではないため、「恥ずかしい」という思いや、「年のせい」というあきらめの気持ちから、医療関係者はもとより、他者に相談もできず、ひとりで悩む高齢者も少なくない。しかし、ひとたび尿失禁を発生すると、その程度は確実に重くなってゆく。

失禁にともなう身体的不快感はもちろんのこと、心理的な罪悪感や自己嫌悪に陥り、そ

して外出頻度が減ったり、友人との付き合いが減少したりするなど社会活動が制限され、さまざまな生活の側面に影響を及ぼし、高齢期のＱＯＬを明らかに低下させることが知られている。したがって尿失禁を軽度のうちに把握し、早期予防・改善対策が高齢者の快適な自立生活にとって必要となる。

一言で尿失禁といっても、多様な要因によって発生し、また症状も異なっている。そのため、予防対策や治療方法も異なっているが、高齢者には主に次の四つのタイプがある。

①腹圧性尿失禁……下腹部の膀胱《ぼうこう》、子宮、腸などの骨盤内臓器を支えている骨盤底筋と呼ばれるハンモックのような形の筋肉が妊娠・出産や加齢、肥満などで脆弱化し、臓器を支える力や尿道（排尿）をコントロールする力が弱まることで、クシャミなどによって腹圧が上昇したときに尿漏れが発生するタイプ。高齢女性にもっともよく見られるタイプの尿失禁である。

②切迫性尿失禁……脳血管障害やパーキンソン病などの疾患による中枢神経の障害により、脳からの排尿抑制指示が不調となって発生するタイプ。強い尿意によりトイレに間に合わないケースが多い。

③溢流《いつりゅう》性尿失禁……膀胱の収縮力の低下などにより、膀胱に尿が充満し、慢性的にだ

らだらと尿が漏れるタイプ。

④機能性尿失禁……尿排泄器官そのものに障害はないが、排尿に関連した動作や判断に障害があるために発生する尿失禁で、高齢期での虚弱が進行したり、認知機能低下によって尿失禁をきたす。

これらのさまざまなタイプの尿失禁のなかで、高齢者にもっとも多いのは腹圧性尿失禁、次いで切迫性尿失禁であるが、これらが組み合わさった混合型の尿失禁も少なくない。とくに後期高齢者では機能性尿失禁が増加しているが、このタイプは介護者に負担のかかる尿失禁である。

尿失禁でもプログラムによって効果が

ここでは高齢女性に多く発生し、骨盤底筋の筋力増強や体重の適正な減少などの自助努力によって相当な改善と予防を見こむことのできる腹圧性尿失禁にたいするＲＣＴを紹介しよう。

対象者は、東京都板橋区在住の七十歳以上の女性千十六名である。高齢者のための健診（「お達者健診」と呼ばれる高齢者のための健診、八〇ページ参照）において、尿失禁の有無や程度などを含めての調査により一ヵ月に一回以上の尿失禁があり、医療機関には罹《かか》っていない方が二百五十名（二四・六パーセント）、さらにそのうち腹圧性尿失禁と判断された方が百四十九名（五九・六パーセント）であった。

この百四十九名の方々に尿失禁改善と予防のためのＲＣＴに関する説明と同意を実施したところ、七十名（四七・〇パーセント）の方が承諾されている（このことは逆に半数以上の方が尿失禁の予防・改善のためのＲＣＴを拒絶したことを意味している。このようにＲＣＴでは無作為に、いわば強制的に「グループ分け」するために、とくに日本人高齢者では拒否感が強いことも現実である）。

この七十名の高齢女性を無作為に二つのグループ（「予防プログラムを実施する高齢者」と「とくに何もしない高齢者」）におのおの三十五名ずつ割り振り、前者には週二回、一回六十分の骨盤底筋を中心とした、筋力強化のための運動指導を三ヵ月間実施した。具体的には、尿道や肛門を意識的にギュッと締める運動であり、ボールなどを股にはさんで、締める感覚を養うとともに実際に下腹部の筋肉をトレーニングする方法である。

一方、後者にはこれまでどおりの生活をしていただいたが、前者への運動指導終了後、同様の運動指導を実施している。

最初の三ヵ月間のプログラム実施後、両者の比較をおこなったが、「予防プログラムを実施した高齢者」では五五パーセントの対象者で尿失禁の改善が認められ、「とくに何もしなかった高齢者」の九パーセントに比べて、高い割合で改善することが明らかとなった。

このように軽度〜中程度の腹圧性尿失禁に悩む高齢女性はけっして少なくないが、きちんとした指導により、毎日自宅で十〜二十分程度でも根気強く、下腹部の筋力を鍛えることによって無理なく尿失禁を改善することは十分可能であることが示されている。

認知症の特徴

認知症とは、「いったん発達した知的機能が低下して日常生活に支障をきたす状態まで低下している」という状態をあらわしている。認知症の診断基準は、アメリカ精神医学会で作られた診断マニュアル（DSM-Ⅳ-TR）によることが多い（表4-1）。

認知症の症状として、

抽象思考の障害（高次な脳機能が働かない）
判断の障害（適切な判断ができない）
失行（自分の意思による行為ができない）
失認（対象とする事柄を正確に認識できない）
失語（言葉が適切に出てこない）

A. 以下の２項目からなる認知障害が認められること
  1. 記憶障害（新しい情報を学習したり、かつて学習した情報を想起したりする能力の障害）
  2. 以下のうち、ひとつあるいは複数の認知障害が認められること
    (a) 失語（言語障害）
    (b) 失行（運動機能は損なわれていないにもかかわらず、動作を遂行することができない）
    (c) 失認（感覚機能は損なわれていないにもかかわらず、対象を認識あるいは同定することができない）
    (d) 実行機能（計画を立てる、組織立てる、順序立てる、抽象化する）の障害
B. 上記の A1、A2 の記憶障害、認知障害により社会生活上あるいは職業上あきらかに支障をきたしており、以前の水準から著しく低下していること
C. 上記の記憶障害、認知障害は譫妄《せんもう》の経過中のみに起こるものではないこと

表4−1　精神障害診断統計マニュアルによる認知症の診断基準

実行機能障害（日常生活のさまざまな機能が働かない）

などの認知障害は認知症の本質的な症状であり、中核症状と呼ばれている。一方、

妄想　幻覚
不安　焦燥
睡眠障害　徘徊
多弁　多動
依存　異食
過食　暴言
不潔　暴力

などは必ずしも認知障害といえない行動的な障害であり、これらを周辺症状と呼んでいる。

地域高齢者の認知症の有病率は、調査によって三・〇パーセントから八・八パーセント

とばらつきが大きいが、年齢が七十五歳を超えると急激に有病率が高まる。

年間の発症率は、六十五歳以上で全体では一パーセントから二パーセントと考えられているが、もう少しくわしく年齢層で区切ってみると六十五歳から六十九歳では一パーセント以下であるのにたいし、八十歳から八十四歳では八パーセントと年齢とともに急激に増える。

二〇〇九（平成二十一）年度より実施された厚生労働省の認知症対策総合研究事業（研究代表者・朝田隆筑波大学大学院教授）では認知症の有病率調査を全国七地域でおこない、その結果、有病率は一二・四〜一九・六パーセント（平均一四・四パーセント）と、予測された有病率よりもかなり高い数値が報告されている。

この有病率をわが国の全高齢者約三千万人に当てはめると約四百三十万人となり、現在推計されている百八十万人などよりもはるかに大きい値を示すことになる。いずれにせよ今後の超高齢社会にあって、認知症高齢者に関する予防、早期診断、治療そして適切なケアなどの対策はきわめて大きな問題となることはまちがいない。

アルツハイマー病

認知症にはさまざまなタイプが知られているが、そのなかで占める割合のもっとも大きいものは、アルツハイマー病による認知症である。認知症のおよそ六〇パーセントを占めている。

アルツハイマー型認知症では、神経細胞の脱落、アミロイド斑と呼ばれる異常物質の蓄積と神経原繊維の変化が大脳皮質に広範に見られる。

症状は徐々に進行する。家族など周囲の人びとは、本人が最近のできごとを思い出せない、ものを置き忘れる、同じ質問を何度もする、話のなかでまちがった言葉を使ったり、空疎なおしゃべりをしたりすることなどに気づいていることが多い。

もっとも目立つ症状は、記憶障害であり、新しいことを覚えたり、思い出したりする記憶機能が障害される。同時に、言語機能や視空間認知機能が障害されている場合が多い。また、時間の見当識（時間についての認識）、注意の機能、計画を立てたり、段取りをつけたり、抽象化したりする実行機能が障害され、結局日常生活が立ち行かなくなってしまう。

アルツハイマー型認知症に次いで多いのが、脳の血管の障害によって二次的に神経細胞が障害されるために起こる、脳血管性認知症で一五パーセント程度の割合を占める。

症状は、血管障害を起こした脳の部位によって異なる。たとえば、記憶障害は深刻であるが、計算力は障害されていないということがある。怒りっぽくなるなど人格の変化をきたすこともある。この他、前頭側頭葉型認知症やレビー小体病や進行性失語症など、記憶機能は比較的保たれているが、言語機能や視空間認知機能などが徐々に低下していくタイプの認知症もある。

軽度認知障害（MCI）から手をうつ

進行的に認知症にいたるアルツハイマー型認知症では、認知機能の変化から見れば正常な老化の過程と区別できる「前駆的な期間」が存在する。これは軽度認知障害（MCI）と呼ばれ、一見健常者とは区別がつかないが、家族など密接な関係者から見ると記憶が衰え、さらにいくつかの複雑なテストによって、いわば認知症予備群として区別することが可能である（表4－2）。

健常な高齢者が認知機能の低下を生じ、認知症に転化していく過程で、認知機能の検査で正常な老化と区別しうる時点から確実に認知症の診断がつくレベルまでの期間として、五年から十年の期間がある。

MCIではアルツハイマー型認知症への移行の割合が大きい。健常な高齢者が年間に一パーセントないし二パーセントがアルツハイマー型認知症に移行していくのにたいし、医療機関を受診しMCIと診断された例では、一〇パーセントから一五パーセントが移行するともいわれる。いわば認知症予備軍と位置づけられる方々である。

1. 記憶に関する訴えがあること、情報提供者による情報があればより望ましい
2. 年齢と教育年数で調整した基準で客観的な記憶障害があること
3. 一般的な認知機能は保たれていること
4. 日常生活能力は基本的に維持されていること
5. 認知症でないこと

表4-2　軽度認知障害（MCI）の診断基準

地域でふつうに暮らしている高齢者では、さまざまな程度のMCIが含まれ、認知症への移行率は八～一〇パーセント程度と考えられている。しかしMCIは、不安定で、検査のたびごとにMCIになったりならなかったりすることも報告されている。

わが国では、これまでMCI高齢者の認知機能の低下を抑制（予防）できるか否かを確認するためのRCTをなかなか実施することができなかった。それは、

・地域に在住する一般の高齢者の方々を対象として、そのなかからMCIを有する高齢者を抽出（スクリーニング）すること
・その方々への脳の活性化に役立つ有酸素運動を中心とした運動の介入の実施

などが難しかったからだ。

しかし、ようやく二〇〇九（平成二十一）年度から厚生労働省支援のもと、国立長寿医療研究センターと同センターのある愛知県大府《おおぶ》市との協同で、わが国で初めての本格的なMCIにたいするRCTが実施されている。

このRCTの対象者は、地域でふつうに生活している六十五歳以上の高齢者である。

一次調査では全員に物忘れの有無などのアンケート調査を実施し（千五百四十三名）、二次調査では、本格的な認知機能検査（百三十五名）、そして三次調査では脳画像のひとつであるMRI撮影をおこなってMCIの高齢者を抽出した（百二十五名）。最終的には説明と同意の得られた百名のMCI高齢者がRCT実施対象者として選択された。

これらの対象者を無作為に健康講座群（対照群）と運動教室群（介入群）とに割り付けた。事前の調査ではよりくわしい認知機能検査、筋力や歩行速度などの運動機能検査、そしてMRI検査（脳容積計測）以外の脳機能検査、すなわちポジトロン検査（PET）や近赤外線を用いた検査（NIRS）など精密な脳画像とともに脳の働きを調べる詳細な検査も実施している。

運動教室群へのプログラム実施は、六ヵ月間、週二回、一回につき九十分間、計四十回という密度の高い運動を中心とした。

教室は一日三クラス設定し、高齢者の身体能力の専門家《スペシャリスト》である理学療法士一〜二名を始めとして運動補助員ら五〜六名で介入を実施した。内容は、ストレッチ、筋力トレーニング、有酸素運動、ゲームの要素を取り入れた脳機能活性化運動の他に、歩数計の装着をお願いし、目標歩数への到達と自宅でもストレッチや筋力トレーニングの実施を毎日おこなうよう推奨した。

一方、健康講座群には、介護や疾病予防に関する健康講座（六十〜九十分間）を期間中に二回実施した。

その結果、運動教室群のうち三十八名（七六パーセント）から、四十回のプログラム実施のための運動教室に八〇パーセント以上の出席率が得られた。一方、五名（一〇パーセント）の対象者は三〇パーセント以下の出席率であった。

明らかに効果がある

このRCTでは認知症予防の視点から、さまざまな記憶に関するテストがおこなわれたが、プログラム実施の結果、運動教室群のほうが、健康講座群よりも、多くのテストで結果がよくなっていることが明らかとなった（次ページ図4－1）。

なかでもMCIのなかでとくに健忘型MCIと呼ばれる、いわば物忘れが目立つMCIの高齢者の両群間での比較では、記憶能力（ウエクスラー記憶検査）、言語に関連した記憶（単語想起試験）、さらに〝MMSE〟と呼ばれる認知機能の総合的テストなど認知機能の重要な項目でプログラムを実施した運動教室群のみが有意に改善されていた。さらにMRI

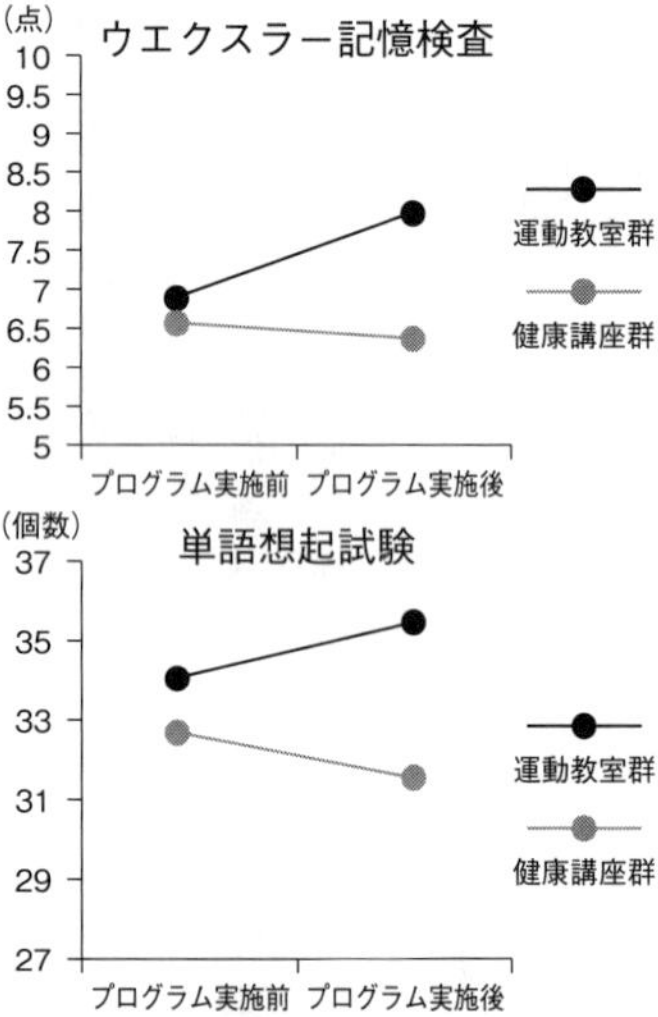

図4－1　記憶に関するテスト結果の比較

による脳萎縮の割合の比較においても、健忘型ＭＣＩ高齢者では運動教室群に比べ健康講座群で増加していることが明らかとなった。すなわち、運動を継続した群での脳の萎縮が抑制（予防）されたのである。

　同じように厚生労働省の支援を受けて、群馬県高崎市および東京都板橋区の二つの地域においても、国が進めている介護予防事業の際の入り口となる「基本チェックリスト」を受診された高齢者を対象として、その後のより精密な検査によってＭＣＩを含むハイリスク高齢者にたいして三ヵ月間のウォーキングによるプログラム実施をＲＣＴによっておこない、認知機能の低下を抑制できたことが同時に報告された。

　このようにＭＣＩ高齢者を対象とした脳の働きを活性化させるような運動を中心としたプログラム実施によって、認知機能の低下を抑制（予防）できることが明らかとなった。

　今後、高齢期にあっても脳の血流循環を保つために日常のウォーキングなどの運動あるいは、ゲーム的要素を取り入れた頭（脳）を使いながら楽しめるような運動などによって、認知症の予防あるいは先送りが可能となることが期待されると同時に、国の重要施策である介護予防にも十分役立てる科学的根拠が得られている。

3　筋肉の衰えを予防する

とくに重い病気がなくとも

一般に高齢期においては、とくに重い病気がなくとも、体重は減少し、体力の低下は避けられない。その背景のひとつに加齢にともなう筋肉量減少症（サルコペニア）と呼ばれる高齢期特有の現象が存在している。

筋力や筋肉量の著明な減少は骨格筋（骨に付着した筋肉で、ふだん運動をしたり歩いたりという意思により動かすことができる筋群）に出現する。その発生の原因としては神経の老化や、性ホルモンなどの分泌量の変化、栄養状態の低下、免疫能力の低下や炎症反応の存在、さらには最近では血液中のビタミンD濃度が低下することによっても筋力の低下が明らかになるなど、さまざまな要因が複雑に関与している。

加齢にともなうサルコペニアは早くから注目され、高齢期の日常生活動作（ADL）や生活の質（QOL）に大きな影響を及ぼすことは知られている。サルコペニアのある高齢者では、ない高齢者に比べてADLの低下するリスクは約三・五倍、転倒や骨折のリスクは約二倍、死亡するリスクも約二倍と、いずれも高齢者の健康にたいして悪い影響が報告されている。前節でも述べたように、おそらくサルコペニアによって運動機能が低下し、認知機能も衰える可能性が大きい。したがって今後の超高齢社会ではこのサルコペニアをいかにして克服するかが重要な課題となってくる。

筋肉量も筋力も弱い

ここではサルコペニアと判定された高齢者にたいして、運動や栄養の予防プログラム実施によって筋肉量や筋力、あるいは歩行速度といったものの改善が可能かどうかをRCTで確認した実例を紹介しよう。

対象者は東京都板橋区に住む地域在宅高齢女性千三百九十九名（七十五〜八十四歳、平均七十八・五歳）である。

この方々にたいして、虚弱にともなう生活機能低下予防、転倒、失禁、低栄養などの老年症候群の予防および、総合的な介護予防を目的とした包括的高齢者健診（「お達者健診」）を実施した。この健診ではとくにサルコペニアの予防、改善に着目し、ふくらはぎの筋肉（下腿三頭筋）の周囲径を計ったり、ごく微弱で無害な電流を用いるインピーダンス（BIP）法と呼ばれる計測方法で筋肉量を測定した。さらには握力や膝をピンと伸展させる筋力などの測定、さらには高齢者の総合的運動能力を代表する歩行速度などが複合的に測定されている。

このような健診を受診された高齢女性のなかで、筋量も筋力も弱くやせている方、すなわち、

①筋力（膝伸展力）……下位三〇パーセント
②相対的筋肉量（筋肉量／身長の二乗）……下位三〇パーセント
③体格指数（BMI＝体重／身長の二乗）……22以下

を基準として、サルコペニアと判断される高齢者を抽出した。

サルコペニアと診断された方々は健常な方々に比べて、年齢が高く、当然のことながら筋肉量も筋力も有意に低いとともに、主観的に健康度が悪い者（つまり、「自分はあまり健康ではない」と感じている者）の割合が高い。外出頻度も低下しており、定期的な運動習慣をもっ

ている者の割合も低かった。一方、病気に関する既往歴においてもサルコペニアと診断された方々で貧血症、骨粗鬆症、骨折などの病気に罹っている割合は有意に高かった。

四つのグループに分けて効果を分析

サルコペニア改善のためには運動はもちろんのこと、筋肉量や筋力増加に効果があるとされているアミノ酸（とくに必須アミノ酸のひとつである「ロイシン」）の補充の効果を検証するために、ＲＣＴに参加を了承した高齢者を無作為に、以下の四つのグループに割り付けた。

①「運動面と栄養面の両方から改善プログラムを実施するグループ」（運動＋栄養群）
②「運動プログラムのみ実施するグループ」（運動群）
③「栄養プログラムのみ実施するグループ」（栄養群）
④「とくに何もしないグループ」（対照群）

運動プログラムを実施したグループ①②には週二回、一回あたり六十分間の筋力強化と歩行機能の改善を目的としたさまざまな運動指導を、栄養プログラムを実施したグループ①③にはロイシン高配合のアミノ酸三グラムを一日二回（合計六グラム／日）補充する指導をおこなった。一方、「とくに何もしないグループ」には健康講座を提供した。このような四つのグループに分けるやりかたで三ヵ月のあいだRCTを実施し、プログラム実施前後における身体組成、体力、老年症候群の改善の度合いなどを検討したのである。

このRCTの結果、もっとも効果がよくあらわれたのは①の「運動＋栄養群」であったが、②の「運動群」や③の「栄養群」についても相当の効果があらわれていた。まず筋肉量については「運動群」で二・四パーセント、「栄養群」で四・六パーセントの有意な増加が認められた。

また歩行速度は、②の「運動群」で一八・六パーセント、③の「栄養群」で一〇・三パーセントの顕著な向上が確認された。四つのグループ全体で比較すると、筋肉量、筋力、そして歩行速度などいずれもが①の「運動＋栄養群」あるいは②の「運動群」できわめてよく改善し、さらに③の「栄養群」が良くなっており、④の「対照群」では明確な改善は見られなかった。

このRCTの結論として、サルコペニアを有する高齢者の筋肉量あるいは体力の改善を目的とした場合には、運動指導あるいは栄養補充の両方とも有効な手法であり、その併用がもっとも効果のあることが確認された。ただしサルコペニアを有する高齢者に多く見られる尿失禁などの老年症候群の改善のためには、(単に栄養補充ではなく)やはり運動プログラム実施の効果のほうが優れている可能性が高いことも明らかとなった。

着実に科学的根拠は蓄積している

現在、国は二〇〇六（平成十八）年の介護保険法の改正により、介護予防を重要な施策として、全国すべての市町村に展開している。

介護予防施策開始のころには、必ずしも十分な科学的根拠が揃っていたわけではない。しかし、その後現在にいたるまで、本章でも紹介した個々の老年症候群に関するRCTを始めとして、介護予防施策での具体的なサービスプログラム（「運動器の機能向上プログラム」や「口腔機能改善プログラム」など全部で六プログラムがある）についても着実にその科学的根拠が蓄積してきていることも事実である。

とくに二〇〇九（平成二十一）年度より開始された「介護予防実態調査分析支援事業」において、全国約九十市町村をモデルとして、基本チェックリストの全対象者への配布や介護予防教室の重点的な周知・開催などの介護予防事業のシステム面へのテコ入れをおこなっている。

それと同時に介護予防プログラムの科学的根拠の確立と魅力的なサービスプログラムの提供を目的として、運動器の機能向上のプログラムでは、とくに、

・「膝痛・腰痛対策および転倒・骨折予防」プログラム

・「栄養改善・口腔機能向上」のための複合プログラム

さらには本章で述べた、

・「軽度認知機能低下」予防のプログラム

に加え、合計三つの新しいプログラムの開発とそれぞれのRCTによる科学的根拠の確立を図っている。

いずれのプログラムもランダム化や進捗状況を（そのために設置された委員会によって）管理しながら精度の高いRCTを実施し、新たに提供されるプログラムの実施によって（統計的に）明確に効果があらわれていることが確認されている。

このような科学的根拠のある介護予防サービスプログラムが、二〇一二（平成二十四）年度から開始される第五次介護予防事業に新たにマニュアルの導入とともに取り入れられることになっており、また介護予防サービスがより一層きめ細かく、自治体（市町村）にも生活支援の包括的な取り組みに関して自由裁量を大きくする工夫（「介護予防・日常生活支援総合事業」）がなされるなど、今後の介護予防のいっそうの発展をめざしているものである。

これまで紹介してきたように介護予防は健康長寿のための具体的第一歩ということができるが、そのためにはまず高齢者の生活機能に着目した介護予防のための効果的健診などによって、簡便かつ効果的な検査を用いてハイリスク高齢者の選定（スクリーニング）をおこなうことが重要である。

さらにハイリスク高齢者を抽出した後、それぞれの要介護となる可能性が高い症状の改善を目的として、（ここで紹介してきたような）ＲＣＴなどの科学的根拠にもとづく効果的な予防プログラムを実施することになる。

今後、後期高齢期であってもさまざまな老年症候群を抑制し、自立支援と要介護状態となることを予防することが必要とされてくるだろう。高齢者に最適な改善（介入）プログラムによる新しい取り組みは、ますます重要となるはずである。

第五章　予防の先にあるもの

1　人生晩年の「分岐点」

できるかぎりの先送り

ここまで病気の予防の重要性、要介護状態となることの予防の重要性について、その両方の適切とすべき導入時期もふまえて述べてきた。

しかし、多くの読者は、疾病と要介護の予防の重要性を否定するものではないものの、その限界について、漠然と、あるいは経験知として感じているのではないだろうか？

まったくそのとおりである。

残念なことに、どんなに病気を予防しても死因としてのがん、心臓病、脳卒中、あるいは糖尿病という、加齢にともなう生活習慣の集積による「生活習慣病」と呼ばれる疾患群については、根絶は不可能である。平均寿命がヒトの種としての限界寿命に近づけば近づくほど、これらの疾患群による死亡は確実に増加し、けっして減少することはない（第三章参照）。

要介護状態を予防することについても基本的には同じである。たとえば百歳を超えて、まったく生理的機能の衰えもなく、生活機能が若い時と同じように持続しているということなどありえない。「程度の差こそあれ」要支援・要介護の状況となることは必然である。

重要なことは、「程度の差こそあれ」という言葉によってあらわされるように、介護予防もその限界をふまえつつ、要介護状態をどれだけ先送りできるか、あるいはどれだけ悪化を防げるかということである。

われわれがいま生きている日本という長寿大国。少なくとも公衆衛生学的な観点からすれば、それは人類が望んできた理想的な国にかぎりなく近い。これからは、いかに生命の質、生活の質を保つかという一点において国民のコンセンサスを得ることが重要となる。

ヒトの限界寿命まで生存が可能であるということは、同時にその限界まで疾病を先送りし、要介護状態を先送りすることでなければならない。一日でも長く健康で自立し、個の尊厳を保つ……。そのためにさまざまな予防対策が存在するのである。

ひとはこうして要介護となる

人間は年とともに心身の機能は衰える。しかし、現実には、七十歳で日々の生活に難儀を感じる場合もあれば、九十歳を過ぎても大きな障害もなく矍鑠《かくしゃく》として生活を送る方もいる。

さまざまな機能の減衰により（高齢者の健康を規定する）生活機能の障害が始まる時期が、長寿化によって少しずつ先送りされているが、心身の機能には個人差が存在することも事実である。

また、年齢とともに高次の生活機能から障害が発生することは確実である。ここではまず、どのようにそれらの障害が発生するかを見てゆくことにする。

東京都老人総合研究所（現・東京都健康長寿医療センター研究所＝ＴＭＩＧ）では一九九一年から、日本のいくつかの地域で、ふつうに暮らす高齢者の老化に関する長期の縦断（追跡）研究を実施してきている（第二章参照）。そのなかで高齢者の日常生活を送るための高次の生活機能の低下がどのように発生し、どのような経過をたどるのかに関して数多くの論文が出版されている（それらの多くは英文で国際的に報告されているため、一般の方々の目にふれることはなかなかないかもしれない）。

ここではそのひとつとして、高齢期における生活機能の低下に関する研究を紹介しよう。東京都下の一地域での高齢者の八年間にわたるデータである。

一般にわが国での高齢者の高次生活機能は「老研式活動能力指標」と呼ばれる、国際的にも承認されている十三項目（十三点満点）の質問票（二五ページ表1-3）によって総合的に測定されている。第二章の日本の高齢者の健康度の変化の項でもすでに述べたが（四五ペ

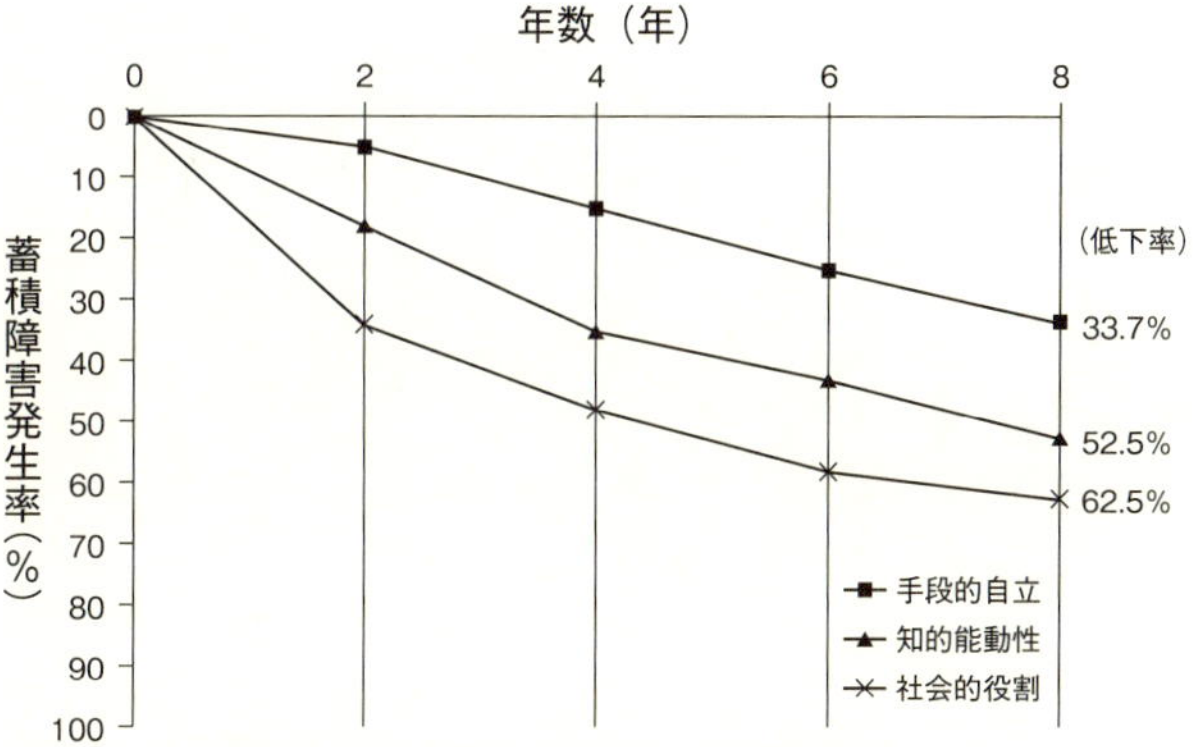

図5−1　高齢者の高次生活機能の加齢変化
（出所：Fujiwara Y, et al. *Arch Gerontol Geriat.* 2003）

ージ）、この十三項目は三つの領域、すなわち、
「手段的自立」（自立的な日常生活を送るための活動能力）（五点）
「知的能動性」（余暇や創作などの知的活動の程度）（四点）
「社会的役割」（家庭や地域などでの社会的つながり）（四点）
に分かれている。したがって合計で十三点満点ということになる。

そのなかで、われわれが実施した調査の最初の時点で十三項目のすべてが実行可能（つまり十三点満点）であった高齢者について、その後三つのどの領域がどのように低下してゆくのか（「蓄積障害発生率」）を示したものが図5−1である。

グラフから明らかなように、障害の発生がもっとも多く見られるのが「社会的役割」である。八年間に六二・五パーセントもの高齢者が、少しずつ友人・知人との付き合い、若い人びとへの関心、そして家族とのあいだの交流すらも減少してゆくのである。

「社会的役割」同様、多くの高齢者で発生するのは「知的能動性」に関する障害である。これはさまざまな社会的情報への関心、健康を保つための知恵などが八年間で半数以上の方で低下していることが見てとれる。

「社会的役割」や「知的能動性」の著しい低下に比べ、比較的よく保たれている能力は「手段的自立」である。これは外出する能力、買い物、そして金銭管理などの能力であるが、約七〇パーセントの方々が維持されている。

このように、まず高齢期では、

・社会との交流や関係性の低下→知的関心の衰え

と移行してゆくことがわかる。その結果、家庭内ではなんとか独りで生活してゆく（手段的自立）能力は保たれたとしても、いわば外部との関連性が失われ、徐々に閉じこもってゆくことが容易に想像されるのである。

したがって、どうすればいつまでも社会とのかかわりを維持できるかが大切であり、家族や地域での高齢者に対する社会的支援を今後どのように充実させるかが課題である。

「移動能力」の低下

次に介護負担の視点から障害の発生や過程について見てみることにする。

私が長く関与してきた地域で、ふつうに暮らす高齢者の方々の老化の研究から見ると、当初元気だった方が、最初に生活機能に影響を与える基本的身体能力の障害は、まず移動能力あるいは歩行能力の障害によって始まることが多い。

これまで本書でも随所に歩行能力の重要性について述べてきたように、歩行能力を維持していることが、すべて生活を支えるといっても過言ではない。

正常な歩行というのは、まずふくらはぎの筋肉（下腿三頭筋）の収縮とつま先の蹴出しによって踵《かかと》部分が高く上がり、その後高く上がった踵から振り子のように足が前方へスイングし、したがってつま先も高く上がり、踵が着地して、一歩が完成する。

それが加齢にともなう筋肉量の減少（第四章参照）などによってふくらはぎの筋肉が衰えると、まず踵の上がりが弱く（低く）なり、スイング（股関節角度）が小さくなり、その結果つま先も上がらない状態、すなわち全体として歩幅が小さくなりスリ足歩行となってしまうのである。

虚弱化の進んだ高齢者の歩行は、まさにスリ足歩行でヨチヨチ歩きとなっていることは、読者もよくご存じと思う。このようなスリ足歩行に代表される歩行能力の低下により、つま先が上がらない（接地時足底角が小さい）ために、家のなかのわずかな段差にもつまずいて容易に転ぶことになる。高齢者では長年住み慣れた自宅においてすら転倒が高頻度に発生するのはこのような理由によっている。

さて、この歩行障害、すなわち移動能力の低下はたんに転倒・骨折を増加させるだけではない。独りではしっかりとした生活ができなくなることから、当然の帰結として周囲の人びとからの介助が必要となる。歩行が必要となるすべての生活行為、すなわちトイレ、入浴、近所での外出等々、いずれも誰か（少なくとも）一人が介助しなければ、移動は困難であり、かつ、きわめて危険である。

ロコモ予防は個人の尊厳を保つため

歩行の重要性については、老化に関する縦断的データ（四一ページ参照）から読み取ることができる。すなわち最初の調査で歩行速度を測定し、その速さによって、

「もっとも速く歩くグループ」
「少し速く歩くグループ」
「少し遅いグループ」
「もっとも遅いグループ」

の四つのグループに分けておく。その後これらの対象者を追跡調査することにより、四〜五年後に各グループでどのくらいの割合で、生活動作能力の低下（機能低下率）や死亡（死亡率）が出現したかが分析されている。

その結果、生活動作能力低下の発生率も死亡率も「もっとも遅いグループ」がもっとも高率であり、たとえば、「もっとも速く歩くグループ」にたいし、生活動作能力低下は約五倍ときわめて高いことが明らかとなっている（四二ページ図2-3）（もちろんこの場合、性、年齢、病気や喫煙の有無などの関連要因を調整したうえでの割合を算出している）。この結果から見ても、いかに歩く能力あるいは歩くスピードが大切かということがご理解いただけるであろう。

国の施策として展開されている介護予防というのは運動器の機能向上、口腔機能や栄養の改善あるいは認知機能の維持などさまざまな内容を含んでいるが、歩行能力の視点から見ると運動器の機能向上がもっとも重要であり、また改善をもたらす割合が高く、本人の（改善する）自覚も大きい。

高齢期になってもいつまでも自分らしく個人の尊厳を保って生活してゆくためには、老化にともなう障害の第一歩となる移動能力や歩行能力を自助努力によって維持することがきわめて重要である。日本整形外科学会などが、「運動器不安定症」あるいは「ロコモテイブシンドローム」(ロコモ)を予防しようと国民的キャンペーンとして推進しようとしているのも、基本的にはこの移動能力の維持、改善を目的としたものであり、高齢期の生活能力をいつまでもしっかりと保つための介護予防のひとつの表現型なのである。

「排泄」と「摂食」

介護予防の視点から見ると「歩行」できることがもっとも重要であり、老化にともなう最初の障害となりやすいことを述べた。

もし「歩行」が障害され、最低でも一人の介護が必要な状態となったあと、こんどはどのような障害が出現するのだろうか? そして、どの程度の介護が必要となるだろうか?

それは「排泄」することの障害であり、最後は「食べる」ことの障害(「摂食」の障害)である。すなわち、人間はとくに大きな病気はなくとも、多くの場合、加齢にともなって虚弱が進行し、最初は「歩行」が障害され、次いで「排泄」の障害が生じ、最後に「摂食」する能力が障害されてゆくのが自然の流れであり、摂理である。

「排泄」と「摂食」に障害が起きると介護の量は当然のことながら増大するが、いったいどのくらいの介護が必要となるのであろうか? この点について国際医療福祉大学大学院の高橋泰教授はきわめて興味深く、説得力のあるデータを報告している。

介護量あるいは生活支援サービス量を測定するためには、実際に施設などで要介護者にたいして一日何分程度のサービスが提供されるかというタイムスタディが必須である。高橋教授はその調査を通じて、歩行能力の低下により介護保険の要介護サービスとしての家事支援を受けた場合の介護量を一点とした場合、

「衣服の着脱援助」の介護量……………三点
「排泄障害によるオムツ交換」の介護量……八点
「摂食障害による経管栄養」の介護量……九点

と算出し、非常に大きな介護を必要とすることを明らかにしている。介護量を急増させ、介護負担期間の長さに影響を及ぼす二大因子である「排泄」と「摂食」の障害を、高橋教授は人生晩年の「分岐点」と名づけている。

このような介護量の増大に関して私の大雑把なとらえかたであるが、「歩行」障害では一人の介護量が必要とすると、「排泄」障害では（当然「入浴」などの他の障害も発生することから）二倍の二人の介護量が必要であり、「摂食」障害では（当然「排泄」障害プラス「寝たきり」の状態となっていることから）さらに一人増えて合計三人の介護量が必要となると推測している。

どちらを選択するか

高橋教授は、それぞれの「分岐点」において、

「排泄」障害時の選択として、

・自助努力も含めリハビリと機器の活用によってなんとか排泄自立をめざす（一〇八ページ参照）

・オムツ使用によって徐々に悪化してゆく

また「摂食」障害時の選択として、

・胃瘻《いろう》や経管栄養を用いて延命をはかる

・寿命としてあきらめる

という選択があるとし、これらをまとめて人生晩年の個人のありかたと社会負担がどのように異なるかを比較している（図5−2）。

高橋教授によれば、「排泄」と「摂食」の分岐点でおのおの「オムツ」と「胃瘻・経管」を選択した場合、社会負担合計は六年で四十点となる。一方でおのおの「リハビリの活用」と「寿命としてのあきらめ」を選択した場合の介護量の合計は、五年で二十八点と算出している。

後者のほうが寿命は一年短いが、負担は三〇パーセント減となる。単純に決めることは

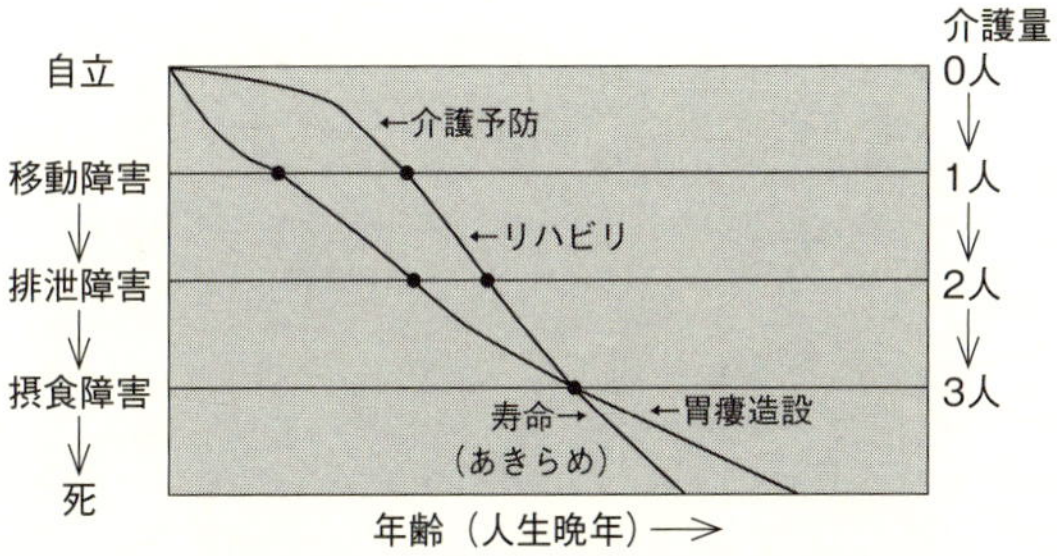

図5-2　人生晩年における障害とその選択肢

まだ自立できているうちに、介護予防により移動能力低下を防ぐ取り組みをすることにより、移動障害を先送りすることが可能となる。さらに排泄障害、摂食障害を経て死に至るが、摂食障害発生時に寿命としてあきらめるか、胃瘻による延命をおこなうかにより、不健康寿命期間を短くすることが可能である
(出所：高橋泰、JAHMC 21.2010 をもとに筆者が加筆作成)

できないが、問題となる前者、すなわち排泄障害でオムツを、摂食障害では胃瘻・経管を選択し、合計三〇パーセント増しの社会負担と一年間の寿命延長を選択したとして、はたして高齢者本人はそれがQOLを高く保ち、個の尊厳と自分らしさを保ちながら幸福な人生を終えることになるであろうか……。

私ならどちらを選択するか。私の答えははっきりしている。読者のみなさまはいかがであろうか？

同様のことが、東北大学大学院医学系公衆衛生学の辻一郎教授の研究からもうかがえる。

辻教授はこれまで介護予防についても科学的な実証研究の積み重ねを通じて多大な貢献をし、広く健康寿命の延伸についての啓蒙活動をされているが、介護予防においてはその質が大きな問題であると述べている。

すなわち、介護予防の効果的ありかたによって、要介護期間は「延長する」場合も「短縮する」場合もあり、最近のわが国と欧米諸国との健康寿命（あるいは不健康期間）の国際比較から、欧米諸国では要介護期間は短縮する方向にあるのにたいし、わが国ではむしろ延長する方向にあると指摘している。

辻教授はそのひとつの原因として認知症対策の遅れにあるとの可能性を示唆している。おそらく、わが国での「排泄」と「摂食」障害における選択も、このような要介護期間の延長傾向に影響している可能性が大きいのではないかと、私は考えている。

2　ピンピンコロリの幻想

たかだか三〜四パーセント

世のなかには「ピンピンコロリ（ＰＰＫ）」で大往生したいという願望が根強く存在する。

しかし、これまで多くの高齢者の健康実態、とくに後期高齢者の健康の推移を見てきた私からすれば、死ぬ直前までピンピンと元気で、あるときコロリと大往生するなどという死にかたは非常に少ないといわざるをえない。むしろＰＰＫは稀《まれ》といっても過言ではない。

具体的数字で見てみよう。

ＰＰＫが、いわゆる（それまで元気だった者が）救急車で病院搬送され、急病によって死亡することだと仮に定義すれば、人口動態統計などからでは、六十五歳以上の（高齢者）総死亡者数に占める急死者の割合はたかだか三〜四パーセントなのである。

第一章で述べたように、圧倒的多数の高齢者は後期高齢期あるいは八十歳を超えたころから明らかに虚弱化し、介護予防の取り組みによっても必ずしも永続的かつ十分な結果が得られず、圧倒的に多くの場合、周囲の人びとからの支援が必要となり、要介護認定の申請をすることになる。

これも具体的数字で見てみよう。

二〇〇〇（平成十二）年から介護保険が導入され、要支援（１・２）から要介護（１〜５）までの介護度のランクが設定された。このなかでもっとも介護度の重い要介護５の認定者数の推移を六十五歳以上の高齢者人口との比較で示すと上表のようになる（表５−１）。

	要介護５認定者数（増加割合：％）	65歳以上人口（増加割合：％）
2001年	360,119（—）	22,788,000（—）
2005年	445,012（23.6）	25,566,000（12.2）
2009年	529,126（46.9）	29,006,000（27.3）

表５−１ 要介護５認定者数と高齢者人口の推移

表から明らかなように、二〇〇一年から二〇〇九年にいたるまでの六十五歳以上の人口増加割合（二七・三パーセント）よりも、はるかに要介護5の認定者数の割合（四六・九パーセント）が高いのである。ひとつには介護保険サービスが人口に膾炙《かいしゃ》したことにもよるが、大きな要因はやはり後期高齢者の増加にともなう虚弱高齢者の増加が著しいからである。

ここでもPPKはありえないことを示している。前の節で述べたように、高齢期の生活機能に大きな障害をもたらす分岐的な障害、すなわち「歩行」「排泄」、そして「摂食」において（仮に）最適な選択と対応をしたとしても、人生最晩年における虚弱となんらかの介護が必要となることは必然である。そうしたなかで、高齢期の幸せ、QOL、個の尊厳といった視点からどのような選択を、どこまで許容できる社会であるかということがきわめて重要になる。

「迷惑をかけたくない」という心理

たしかにPPKは多くの人びとの願いかもしれない。しかしその本質は「家族や周囲に迷惑をかけたくない」「他者様《よそさま》の世話にはなりたくない」という日本人特有の、謙虚さと遠慮による要介護状態の忌避なのではないか。

これだけの（超）高齢社会、長寿社会となり、やがて国民の三〇パーセントもの人口が高齢者となる社会で、高齢者自身が家族や他者に支援され介護されることを忌避せざるをえない社会とはいったいどんな社会なのだろうか？　彼ら自身がこれまで汗水を流してきながら、そんな社会をみずから望んで作り上げてきたのだろうか（一方でＰＰＫを唱えながら、ひとりで静かに死にゆく「孤独死」もまた強く忌避されるのは理に合わないと感じるのは私だけであろうか）。

いずれにしても、わが国が超高齢社会となり誰もが長寿となったときの人生の晩年において（その期間や選択のありかたは議論のあることは当然であろうが）、ある程度の要介護状態となることはいわば当然であり、自然の摂理であり、社会の必然として受け入れなければならないことである。

もっとも重要な問題は、宝クジに当たるようなＰＰＫを望むのではなく、人生の晩年において、自立した生活に向けて努力し、自分が納得した介護を受け容れ、障害をもったとしてもいかに幸福な人生と感じ、満足して死ぬことができるかということである。

そのためにも、どうしても、やはり介護予防における自助努力、歩行能力の維持、排泄障害時のリハビリ、そして摂食障害時の胃瘻か、自然死か、など自己選択について考えておくことは避けて通れない。これらの問題に正面から向き合って考えなければならない時代なのである。

胃瘻の問題

中年期から高齢期にいたる生活習慣病を中心とした疾病予防を実行し、高齢期においては日々の生活で自立し、生活機能を維持するための、移動・排泄・摂食（口腔機能）を中心とした介護予防に取り組むことが、自分に定められた人生にたいする最大の自助努力である。

しかし、くり返してきたように、いつかは虚弱化し、長期間にわたる生活習慣の積み重ねの結果として出現する最終的な、そして致命的な生活習慣病によって（ヒトの限界寿命を超えることなく）必ず死ぬのである。くどいようだが多くの場合、PPKを期待することはできないのである。

となると、いったい私たちにとって、いつ、どこで、どのような死にかたをするのが、もっとも望ましいことであろうか？　この問いにたいする答えもまた千差万別、個人個人によってさまざまであろう。つまり、答えるにあたり、一般的最適解は存在しないに等しく、個人個人の選択にもとづく個別の答えしかありえないということになる。

しかし、だとしても、終末期のありかたについて個別の解を求めるための指標（インディケータ）あるいは媒介要因（パラメータ）に関する情報は必要不可欠である。ここではその例として終末期の胃瘻の問題について考えてみることにする。

人生の終末期に生じる最後の大きな障害のひとつが、先述のように摂食障害である。自分で食物を摂ることができない状態となったときに生命をつなぐためには、経管栄養法と呼ばれる方法に頼ることになる。

口や食道での食べ物の摂取の代わりに、鼻や口あるいは腹の皮膚から直接に胃に穴を開けて管を挿入・留置し、そこからミキサーなどで食物を溶かして栄養を注入する。米国などでは一九八〇年代に普及し、わが国でも九〇年代から普及し始めた。

最初は手術などによって、口からの食事が困難となった患者に一時的（緊急避難的）に経管栄養が用いられた。一ヵ月程度と比較的短期で済む場合には、鼻から管を入れる方法（経鼻栄養）が多く、長期になる場合には、腹の皮膚に穴を開けて外部から直接胃や腸に管を入れる方法（胃瘻あるいは腸瘻）が用いられた。

経鼻栄養に比べ胃瘻のほうが患者本人の負担も少なく、また習熟した医師であれば、危険も少なく、十分ほどで作れることもあって、二〇〇〇年代に入り、わが国では（急性期の病気にではなく）人生の終末期や認知症で、摂食障害のある高齢者にたいして胃瘻を造設することが急速に流行し始めたのである。現在では約四十万人の方々が胃瘻によって、生命を維持していると推定されている。

いったん始めると……

このような人生終末期における延命のための胃瘻造設と寝たきりのまま、時に植物状態でその後を生きてゆかねばならないことは、いわば私たちの死のありかたにかかわる根源的かつ象徴的な問題を提起している。

わが国で高齢者での胃瘻造設となる原因は、脳卒中後遺症と末期の認知症患者であることが圧倒的に多い。脳卒中の場合、急性期の病院で治療が終わると、摂食（嚥下）障害のある患者には（本人または家族の同意のもと）胃瘻を造設し、療養施設への早期退院をうながす。これは急性期病院として経営上、在院日数を減らすことが最大の目的だからである。

しかし、いったん始められた胃瘻は（感染症を起こした場合は別として）、医師を含めそれを中止することの判断は非常に困難となる。その結果、介護療養病床で意識も薄れた状態で寝たきりとなり、回復の見こみもないままに胃瘻からの栄養補給で延命措置が延々と施されてゆく。「胃瘻アパート」とも揶揄される、胃瘻を造設した高齢者ばかりを集約的に管理する施設も存在しているのが現状である。

複数の調査で「延命のための胃瘻による栄養補給」は、医療従事者では八割、一般市民の方でも七割が拒否している。とくに医師や看護師での拒否割合は多いが、おそらく胃瘻による延命措置が、個人の尊厳やQOLを高めることに必ずしも適していないことを彼ら自身が強く思っているからであろう（私もそうである）。

欧米では終末期の高齢者において、胃瘻による延命措置はほとんどないといわれている。これは「脳卒中の後遺症や認知症の終末期で、食べられなくなったときは、神に召されるとき」という、いわば宗教的な哲学による。多くの場合、このような胃瘻をはじめとする経管栄養を選択しなければ、患者は最低限の栄養と水分を静脈からの輸液で受けつつ、数日～数週間の補給のみで死を迎えることになる。

死の準備教育が必要

多くの医療関係者、一般市民が、胃瘻による延命措置を拒否しているにもかかわらず、医療の現場では今日も終末期や重度認知症患者にたいして、胃瘻が造設されている。なぜか？　その理由は、先ほど述べたように急性期病院から介護療養病床への移行という、いわば医療制度のもつ宿命的な側面もある。一方、医師や看護師の側での迷いや混乱も存在する。

その一例が二〇一一（平成二十三）年二月に日本老年医学会が主催したシンポジウム「食べられなくなったらどうしますか？――認知症のターミナルケアを考える」で紹介された

医師、看護師、そして認知症患者の家族を対象とした調査結果である。

たとえば「療養病床入院中の八十五歳女性で回復の望めない経口摂食障害のある重度アルツハイマー型認知症患者にたいする対応」というモデルケースについて。七百八十九名の医師の回答のうち、「胃瘻も含めて人工的栄養・水分補給法（これをANHと略す）を差し控え、枯れるように死ぬことは自然だ」と答えた割合は六四・三パーセント。そうは思わないとする割合の三一・九パーセントのほぼ二倍になっている。

しかし、その一方で「病院ではANHを施行せざるをえない」と答えた割合は六七・九パーセントにのぼっている。その理由としては、

(1)法的責任を問われる恐れ……………四四・九パーセント

(2)患者を餓死させることと同じ…………三八・九パーセント

(3)マスコミが騒ぐ…………………………三七・〇パーセント

などとなっている。

少なくとも介護療養型医療に携わった経験のある医師や看護師の多くは、終末期医療において安易な胃瘻を造設することにけっして賛成をしていない。にもかかわらず、必ずしも患者本人の尊厳や意思とはまた別の要因によって、悩みながらも胃瘻を施行せざるをえない現実も一方で存在する。

人生の終末期の安易な胃瘻による延命は、やはり考えなおすべきではないだろうか。
たしかに個人の尊厳とか生命の質とか生命倫理など、医療の側がいくら説いてみても、家族からすれば親兄弟の生命を閉じることを簡単に決断できるものではない。しかし、それでも私は「終末期には何もおこなわずに、枯れるように死ぬ」というコンセンサスの確立とそれを決断する選択肢が、市民権を得る社会となるべきだと考えている。そのことを現実のものとするためにも、国民全体への死の準備教育、具体的にはリビング・ウィルや死生観に関する教育がもっとも必要な時代になっていると強く感じている。

3　どこで死ぬか

病院がパンクする？

右に述べたように「どのように死ぬか」ということは「どこで死ぬか」ということと密接不可分な問題である。

今後著しく死亡数の増大が見こまれる。寿命が伸長している社会で死亡数が増大するということは一見矛盾するように思えるが、これはこの数十年に生じた長寿化によって死亡が先延ばしされてきた結果、今後（ヒトという生物の限界寿命に達することから）死亡数は急速な増加を示すことになる。

第一章で述べたように、現在の年間死亡者数は百二十万人程度であるが、団塊の世代が、その死亡ピークを迎える二〇三〇年ころには、約百七十万人（うち約九割が六十五歳以上）へと増加すると推定され、その受け皿、すなわち「どこで死ぬか」が深刻な問題となってくるのである。

かつては自宅での死亡が圧倒的に多かったものが、経済成長、医療水準の向上、家族形態の変化などが明らかとなってきた一九七〇年代以降は病院死亡が増加し、現在では約九〇パーセントとなっていることはすでに述べたとおりである。

このまま病院／在宅の死亡割合が変わらずに推移するとすれば、九割近い死亡者を受けもつ病院がそのまま（物理的に）増加する死亡者数をもちこたえる、あるいは支えつづけることが可能であろうか？　また依然として増加傾向にある医療費のなかで、病院での死亡、すなわち終末期医療にかかる費用を（経済的に）支えることができるのか？　ということが問題となってくる。

終末期医療にかかわる経費

終末期医療にかかわる経費について少し触れておく。

よく知られているように、日本の診療報酬は原則的に出来高払い制になっており、医師が提供したサービス量に応じて社会保険から医師へ支払いがなされる。しかし、高齢者の医療を中心に定額払いの一種である包括払い制が導入され、出来高払いにかかわらず、一括りにして診療報酬を支払う方式をとっている。これはいわば一九八〇年代ころからの「医療費亡国論」を背景とする医療費の伸びを抑制するための政策の一環と見ることができる。

高齢者医療の本格的な包括払いは、一九九六年四月に導入された「老人慢性疾患外来総合診療料」（＝外総診、二〇〇二年廃止）を始めとして、二〇〇八年四月に導入された後期高齢者医療制度での「後期高齢者診療料」にいたるまで、さまざまな包括化が進められてきている。

一方で、国は高齢者の病院での医療から在宅での医療を推進するために、二〇〇六年の診療報酬改定において、新たに「在宅療養支援診療所」の診療報酬を厚くすることを目的として「在宅時医学総合管理料」（在医管）を導入し、二十四時間対応を支援し、夜間往診や（在宅での）ターミナルケアにたいして高い診療報酬を付与することに転換をはかった。このことは、これからの高齢社会の進展をふまえ、高齢者医療について病院での終末期医療（死亡）から、在宅でのケア・医療・終末期への診療報酬の包括化を中心とした誘導といえよう。

医療費との関連について、社会保障審議会医療保険部会では、入院死亡の割合を減らし、在宅死亡の割合を（現在の約二〇パーセントを）四〇パーセントにまで増加させた場合の入院医療費と在宅医療費の比較を例示している。

その試算によれば、死亡前の一ヵ月平均医療費は約百十二万円、医療機関死亡者割合を八〇パーセントとした場合、自宅での死亡を四割に増加させると、死亡前一ヵ月の医療費にかかわる影響は、給付費ベースで二〇一五年度に約二千億円、二〇二五年度には約五千億円、それぞれ削減されるとしている。

ほんとうにこれほど大きな削減ができるのか否かは議論のあるところであり、在宅終末期医療費の推計は診療報酬改定、なかでも在宅療養支援診療所への評価に関する新しいデータを用いて再検討される必要がある。しかし質の高い在宅医療を提供する場合、当然それぞれのコストは、入院医療に比較して必ずしも安上がりにはならないと考えられている。

自宅で療養し、自宅で死にたい

しかし一方で国民の意識調査では、六〇パーセント以上の国民が終末期における自宅療養を望んでいる（厚生労働省「終末期医療に関する調査」平成二十年）。このような強い要望に応えるためにも、安心して一生を終えることのできる質の高い在宅医療体制の構築が急務であり、そのためには在宅医療を着実に展開する拠点として、地域包括支援センターや在宅療養支援診療所での取り組みを、質・量ともに充実することが必要となる。

二〇〇六（平成十八）年に導入された在宅療養支援診療所数は当初約八千九百施設であったが、その後年々増加し、二〇一〇（平成二十二）年には全国で約一万二千施設に達し、また年間の在宅での看取《みと》り数も約三万三千件と増加している。しかし、在宅療養支援診療所として登録しながら、終末期・看取りまでおこなう実績のある診療所は四七パーセントと半数に満たない。二十四時間三百六十五日を掲げる在宅医療では、診療所とそれを支援する中核病院あるいは基幹病院の存在と連携が必須の条件であり、地域における病診連携は、今後よりいっそう重要となってくる。

在宅医療を今後強力に展開・普及してゆくためには、患者・家族の自宅療養の不安軽減（たとえば急変時の受け入れや、家族介護者の負担軽減）の体制、さらには患者の生活の視点に立った医師、看護師、歯科医師、薬剤師などの多職種での連携（チーム）等々を充実させてゆく必要がある。

急性期の病院医療から慢性期・終末期の在宅ケア・在宅医療へのシームレスな体制は、高齢者の医療のひとつの理想形であることは異論のないところであるが、まだまだ十分に機能しているとはとても言い難いのが現状であり、問題解決にあたっての実証的研究が望まれている。

そのなかで、国立長寿医療研究センター（愛知県大府市）でのモデル的実証研究データを紹介しておこう。

同センターは近隣の在宅療養支援診療所との連携のなかで、わが国でも初めてとなる二十床の在宅療養支援病棟を併設し、地域の在宅医療の基幹病院となっている。この在宅療養支援病棟は、在宅医療における緊急時の後方支援あるいは家族介護者にたいする緊急避難的入院（レスパイト・ケア）の提供施設として、在宅療養の患者、家族、そして医師と医療スタッフへの総合的な支援を実施している。二〇〇九年四月に開棟したが、一〇年三月末までの一年間に入院した（在宅医療の登録患者）百六十四名について、その後の追跡調査がされている。

百六十四名中、死亡は七十六名（四六・三パーセント）

死亡の場所の内訳は、
自宅……二十五名（三二・九パーセント）
病院……五十一名（六七・一パーセント。うち国立長寿医療研究センターでの死亡が四十八名）
となっていた。
同センターの所在する愛知県南部での一般の在宅死亡率は全国平均一二パーセントと同程度であるが、その三倍近い在宅死亡割合となっている。このことは近隣の在宅療養支援診療所との地域連携により、彼らをサポートする病院の支援機能が十分に働くことができれば、在宅死亡率が上がる可能性を示唆している。

延命治療とリビング・ウィル

リビング・ウィルとは、「治る見こみがなく、死期が近いときには、延命治療を拒否することをあらかじめ書面に記しておく」もので、本人が事前に自分の最期について指示する方法のひとつである。実際、さまざまな条件のもと、終末期の医療の希望を直接本人からの意思によって確認できない場合は、リビング・ウィルを示す書類にしたがって治療方針を決定することになる。

厚生労働省の「終末期医療のあり方に関する懇談会」は、二〇一〇年十二月にその報告書を公表している。このような終末期医療に関する（国民の意識調査を含む）ありかたについては、一九九三年以降二〇〇八年まで四回にわたり実施されているが、同報告書ではこれまでの調査結果をふまえ、国民における終末期医療にたいする意識の一端を明らかにしている。

今回の調査では二十歳以上の一般国民五千人、医師三千二百一人、看護職四千二百一人、介護職員二千人を対象とし、六千六百二十人（四六パーセント）から回答を得ているが、終末期医療にたいして「関心がある」と答えた割合は、

一般国民……………八〇パーセント
医師……………九〇パーセント
看護職・介護職……九六パーセント

にのぼっている。

また、自分に六ヵ月以内程度の死期が迫っていて、治る見こみもない場合に、延命治療を「望まない」と答えた割合は、

一般国民……………七一パーセント
医師……………八四パーセント
看護職……………八八パーセント

介護職……………八一パーセント

と高い数字を示している。

このような結果から見るかぎり、先の終末期の胃瘻造設問題と同様に、今日の日本人は延命治療には消極的であり、とくに医療・介護という日常的に終末期にある高齢者と向き合う専門職にある者での割合は高いことが明らかにされている。

一方、リビング・ウィルについても、「賛成する」と回答した割合は、

一般国民……………六二パーセント

医師……………八二パーセント

看護職……………八三パーセント

介護職……………八二パーセント

となっており、これはいずれも前回調査より増加している。

しかし、リビング・ウィルの有効性を確保するために法律を制定し、さらには終末期医療の定義や延命治療の非実施や中止などについて、法的根拠を確定するかどうかについては意見が分かれ、賛成・反対がほぼ二分している状況となっている。

なお、リビング・ウィルも含め尊厳死の法制化を推進している社団法人日本尊厳死協会では会員にたいし、「尊厳死の宣言書」カード（リビング・ウイル）を発行・登録している

が、終末期医療の現場でこのカードで意思表示することにより、約九割の例で不必要な延命治療を回避できたと報告している。

＊

さて、これまで述べてきた胃瘻、在宅ケア・医療、そして延命治療とリビング・ウィル、これらはすべて根幹ではひとつのテーマに帰結する。

すなわち、「いつ、どこで、どのように、死を迎えるか？」ということである。これは超高齢社会に生きることになる私たち一人ひとりが、真剣に向き合わなければならない必須の「問い」となっている。みずから考え、みずからが答えを出す必要がある。

ここで私が書いてきたことはその答えのための選択肢の提示にすぎない。幸い、今日の日本ではさまざまな情報が入手可能であり、また、自己決定や個人の意思を尊重する土壌が十分に育成されてきた社会である。みずからの死という重い問いではあるが、だからこそ行政（お上）や専門家にゆだねることなく、ぜひ一度、そして折りにふれて、考えていただきたいと願っている。

第六章　超高齢社会に挑む

1 後期高齢者医療制度をめぐって

未知の社会への提言

今後のわが国の超高齢社会にあって、私たち一人ひとりは、たんに長生きするだけではなく、どのように「よく老いるか?」、そしてどのようにして「満足して死にいたるか」など、高齢期を生きることの質が問われる時代となる。

そんな社会を迎えるにあたり、私たちは自助努力として何をすべきなのであろうか? そして、地域社会はどのような互助・共助のありかたがよいのだろうか? さらに虚弱の避けられない後期高齢者を中心として、どのような公助あるいは制度をめざすべきなのであろうか?

おそらくこれらの問いにたいする答えは、誰も経験したことのない未知の社会にたいする期待と不安への提言でもあることから、さまざまな視点から多様な答えが出されるであろう。ここでは、共助・公助の例として、後期高齢者医療制度や地域包括ケアシステムについて、それらの優れた点や課題について述べ、さらにけっきょく私たちは一人ひとりがどのように自立を計ってゆくための自助努力が必要なのかを、心身の面から述べていくことにしよう。

高齢者を一括りにはできない背景

現代日本では高齢社会とはいうものの、もはや「高齢者」を一括にして論じることはできない。第二章で述べたように、前期高齢者と後期高齢者とではその健康の状況、すなわち生活機能や自立の度合い、虚弱の程度、要介護認定の割合、そして合併する疾患の状況など、両者ではその様相がまったく異なっているのである。さらに男性と女性でもさまざまな健康の状況が異なっている。ということは、とくに虚弱や生活機能の衰えた後期高齢者に応じて、なんらかの独自の評価や対策、そして支援のありかたが必要になる。

第一章で示したように、総人口は、二〇〇五年時点での一億二千七百七十七万人から二〇五五年には九千万人を割るほどに減少する一方、出生数は二〇〇五年の百九万人から二〇五五年の四十五万七千人と半分以下に落ちこむ。この間に高齢化率は、二〇・二パーセントから二倍以上の四〇・五パーセントへと急増し、いっそうの少子高齢化が迫ってくる。

この現象のもうひとつの特徴は、高齢者のなかでもとくに七十五歳以上の後期高齢者が

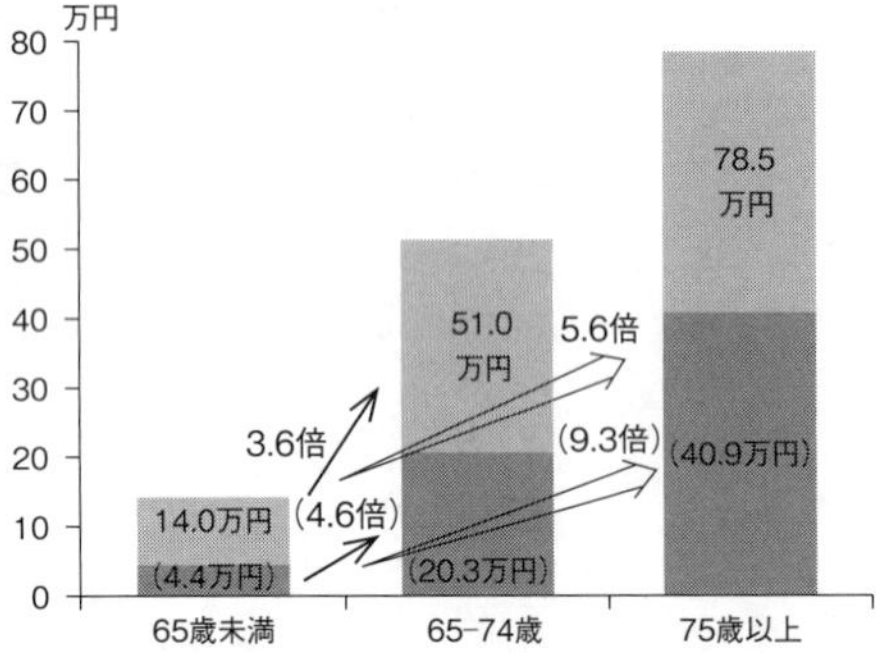

図6−1　年齢区分による医療費水準の違い

上段の数値は1人当たりの医療費であり、下段の（　）内の数値はそのうちの入院関連費用を示す
（出所：社会保険庁「医療給付受給者状況調査報告」、厚生労働省保険局「国民健康保険医療給付実態調査報告」などのデータより作成）

著しく増加することである。すなわち二〇〇五年時点での前期高齢者と後期高齢者の比率はほぼ一・二対一であるのにたいし、二〇三〇年には一対一・六、二〇五五年にはおよそ一対一・九へと後期高齢者の実数とともにその比率が急増する。

後期高齢者の急増は、医療費水準にも大きな変化をもたらす。

図6−1に示されるように、七十五歳以上の高齢者の一人当たりの医療費は六十五歳未満に比べ五・六倍、とくに入院費で見た場合、前期高齢者のほぼ二倍、六十五歳未満と比べては九・三倍と著しく大きな負担となっている。

このような背景を基にして、二〇〇八年四月から七十五歳以上を対象とする後期高齢者医療制度が開始された。この制度は後期高齢者の生活を重視し、個の尊厳に配慮した医療と後期高齢者およびその家族が安心・納得できる医療をめざしたもので、とくに次のような点に特段の配慮をしている。

①急性期入院医療にあっても、治療後の生活を見越した高齢者の評価とマネジメントを必要とした点↓総合機能評価
②居住系施設を含む在宅での医療を重視し、具体的には訪問診療、訪問看護など、在宅医療の提供を必要とした点↓在宅医療の充実
③地域における医療連携を進め、介護保険など他のサービスとの連携の取れた一体的なサービスの提供を必要とした点↓退院支援と医療と介護の連携
④個の尊厳を重視した適切な終末期医療を進めるべきとした点↓終末期医療

これらは従来の医療保険にはなかった新たなパラダイムシフトであり、今後の超高齢社会での高齢者にたいする医療と福祉の本質的なありかたを明確にした画期的な保険制度であると、私は高く評価している。

非難囂々、制度廃止へ

しかし、広く知られているように、この制度はその導入にあたり、国民からの多くの批

判と反発を受けた。街中で向けられたマイクに答える高齢者の怒りの声がさかんにオンエアされた。曰く、

「〝後期高齢者〟という名称は差別である。〝後期〟とは先がないということ、早く死ねとでもいうのか！」

「保険料が年金から天引きされることは納得できない」

「七十五歳という年齢区分の根拠はどこにあるのか」

「これは現代の〝姥捨山《うばすて》〟であり、棄民政策である」

テレビには病院のベッドに寝ているやせ衰えた高齢者の映像が繰り返し流された。それを見ながらの、「識者」と称する人びとによる断片的・感情的・煽動的コメントや偏った批判。さらにはその尻馬に乗るポピュリズム政治家たち……。

私の立場からすれば、こうしたメディアの姿勢には大きな問題があるといえる。後期高齢者の健康特性についての実証的データ、それにもとづく医療と介護のありかたに関する本質的な議論がまったく無視されている。これを日本社会、日本政治の劣化だというと言い過ぎであろうか。

いずれにしても後期高齢者医療制度は、二〇〇九年の自民党から民主党への政権交代を受けて「廃止」の方針が打ち出され、一〇年四月の診療報酬改定においても関係する診療

料などが削除された。

その後、同制度に代わる新たな制度のありかたについて取りまとめがおこなわれているが、それらはけっきょく、国保（国民健康保険）の広域化にともなう保険料負担のありかたに関しての取りまとめであり、いわば財政調整に終始している感が否めない。

もちろん、保険料負担すなわちカネの問題が重要であることは否定しない。しかし、後期高齢者には、たんに医療だけではなく介護や住宅も含めて総合的な対策が必要であることを、高齢者はもちろんのこと広く国民に周知しなければならない、と私は考える。

保険料負担の問題としても、いったい何が公正か、すなわち、高齢者自身も含めて誰がどれだけ負担するべきなのか？　後期高齢者医療費の膨張化のどこに改善の余地があるのか？　という点に関して国民的な合意が必要なことはいうまでもないことである。

ここでは財政的な面というよりむしろ、後期高齢者の医療・保健・福祉のトータルとしての健康を守る視点から次の三点について言及しておきたい。

七十五歳は年齢差別ではない

後期高齢者医療制度の最大の問題点は、七十五歳という年齢により加入する制度を分離・区分したことであるが、これが年齢差別であるとして批判された。

しかし、繰り返し述べてきたように、七十五歳前後から高齢者は虚弱化と慢性疾患の顕在化により、急激にその生活機能を喪失し、医療と介護を明確に区別することが困難となってくることはまぎれもない事実なのである。

だからこそ、後期高齢者医療制度では「後期高齢者診療料」という名称で〝かかりつけ医〟の制度のもと、総合的な評価をおこなおうとしたのである。

また、七十五歳になったら必要な医療を受けられなくなるという反発があったが、これは的ハズレである。

問題となるのは、

・かかりつけ医が適切な老年医学の理念にもとづく総合評価と、その後の振り分けや指導をおこなえるか

・その評価にもとづく報酬体系が適正であるかどうかである。この点で今後、老年医学の専門医や高齢者総合医の養成と活性化がいっそう重要となる。そのようないわば特有の健康水準にある後期高齢者集団にたいしては、個別の医療と福祉を融合したサービス提供と負担との枠組みのなかで、包括的な医療・福祉施策を実施することは理にかなっていると私は考えている。

健康診査は義務化すればいいというものではない

後期高齢者医療制度では、対象者の健診については広域連合の努力義務とされていた。しかし現在想定されている新制度では、国保・健保組合などにこの健診の実施を義務化しようとしている。いわばこれは旧老人保健制度での健診制度の復活である。しかし、先に述べたように、後期高齢者にたいし疾病予防のみを目的とした健診は明らかに非論理的であり、いったい何を目的として健診をおこなうのかまったく理解に苦しむ。

後期高齢者医療制度にたいする批判のひとつは、七十五歳以上の人にたいしては、四十歳から七十四歳までの国民に義務化した特定健康診査と特定保健指導（いわゆるメタボ健診）を「努力義務」として義務化をはずしたことにたいするものである。曰く、健診の非義務化はたんなる医療費削減を目的としたものであり、加齢とともに増加する生活習慣病リスクを完全に無視した、いわば健康政策の「逆転現象」であるというものである。

しかし、科学的視点から見て、この批判はまったく当たっていない。

第三章で述べたように、七十〜七十五歳ころに生活習慣病の死亡率に関しては、予防対策上の変曲点（変換点）が存在している。変曲点以降の年齢層にあっては、疾病予防よりもむしろ介護予防が重要であり、総合機能評価にもとづく生活機能の維持・向上と自立支援のための地域資源を利用した包括的取り組みに努力すべきなのである。

だからこそ、（医療費削減を目的としたか否かは別として）後期高齢者医療制度にあっては、かかりつけ医での慢性疾患の管理と生活機能の維持・向上を目的とした、地域で展開する（多職種協調による）介護予防の取り組みの充実が理にかなっていたことになる。

しかるに新制度での（疾病予防を目的とする）再度の健診義務化は、いったい何を根拠に、何を目的として復活させようとするのかが不明であり、科学的根拠もなく、医療現場はもちろんのこと高齢者にたいしてもいっそうの混乱を助長しかねない。「元の木阿弥」以外の何物でもないと私は思っている。

誤解を受けやすい名称ではあったが

後期高齢者医療制度で導入された「終末期相談支援料」というのは、たしかに誤解を受けやすい名称であった。しかしその本質は、いま混乱の見られるターミナルケアに関する一定の理解と方向性を国民に周知することが最大の目的であったと思っている。

「なぜ七十五歳以上にかぎるのか」という批判、そして「早く死ねというのか」という非難がなされた。そのため二〇一〇年四月の診療報酬改定では、「後期高齢者診療料」と同じく、この「終末期相談支援料」もまた凍結された。

しかし、この制度はターミナルケアをどうやって支えてゆくかを目的としたものであって、現在の混迷している終末期医療あるいはターミナルケアを明確化するためには、必須のしくみであったはずである。再三述べてきたように、私たちはヒトとして誰でも寿命がある以上、人生の晩期や終末期においては、治療の限界性を見きわめ、完全治癒を追求する医療から、患者に寄り添い支える医療へと転換が図られねばならない。

だからこそ、今後の超高齢社会にあって、一人ひとりの高齢者の終末期に責任をもって患者の視点に立った対応を取る制度は必要不可欠なはずである。

これまで述べてきたこと、すなわち現代日本の高齢社会と高齢者の健康の水準に合わせ、科学的研究結果にもとづいた高齢者（とくに後期高齢者）にふさわしい医療の追求は、ややもすると制限的な医療とも受け取られかねない。このことは私自身も十分認識し、気をつけているつもりである。だが、私はけっして後期高齢者を差別しているわけでも、棄民政策的な保健・福祉のありかたを主張しているわけでもない。

・私たち一人ひとりが人生の最期をどのように迎えるべきなのか

・そのためには、どのようなもっともふさわしい保健・医療・福祉を選択すべきなのか

いまだ十分とはいえないまでも、これまでに蓄積された老年医学における臨床的研究成果や、科学的根拠にもとづく後期高齢者医療への保健・医療体制のありかたを、真剣に考

えていただくためにも課題の整理と解法の例を提示したつもりである。

2　地域包括ケアシステム

共存の道筋と場

高齢者の健康状態や生活機能あるいは自立の状況は、加齢にともなう心身の機能の減衰を背景として、悪化と改善を繰り返しやすく、また変化しやすいという特徴がある。とくに認知症高齢者では、生活環境の変化により症状が悪化しやすいことはよく知られている。

多様で、かつ時間や場所により身体の状態が変化しやすい高齢者にとっては、可能なかぎり住み慣れた地域において、その人らしく自立した日常生活を営むことが望ましい。それを支援するのが「地域包括ケア」の目的であり、そのために地域のさまざまな社会資源を活用し、連携し、適切に組み合わせるしくみを「地域包括ケアシステム」と呼ぶ。

長寿社会・超高齢社会に生きることを一言であらわすならば、「老いとの共存」といえるだろう。個人における老いとの共存とは何か？　喫煙、飲酒、食事、運動など個々の人生のなかで形成される生活習慣病は、いわば〝慢性に経過する不治の病〟であるが、これといかに共存し、さらに加齢にともなって徐々に顕在化する心身の機能減衰・虚弱・障害といかに付き合うかを考え、人生の晩年を満足して暮らしてゆくための実践の智を長い年月をかけて涵養《かんよう》してゆくことであろう。アンチエイジング（抗加齢）などという、本来幸福であるべき「老い」に抗《あらが》うものではない。

　われわれは個人レベルであれ、社会的レベルであれ、さまざまな共存の道筋を考え、実践しなければならない。疾病予防も介護予防も、一次予防（健康維持）、二次予防（早期発見・早期対応・治療）という予防対策の割り付けと実行は健康的な人生を歩むための王道である。このような考えかたは、地域包括ケアが念頭に置く、保健・医療・福祉の連携による包括的な疾病や障害対策に対応すると同時に、その「共存の場」としての地域であり、慣れ親しんだ自宅を中心とする（非施設的）環境のなかで展開されることをめざしている。

　二〇一〇（平成二十二）年三月、「地域包括ケア研究会報告書～今後の検討のための論点整理～」が取りまとめられた。そこでは、「地域包括ケアシステム」とは、

・「ニーズに応じた住宅が提供されることを基本とした上で、生活上の安全・安心・

健康を確保するために、医療や介護のみならず、福祉サービスを含めたさまざまな生活支援サービスが日常生活の場（日常生活圏域）で適切に提供できるような地域での体制」である

・また「日常生活圏域」とは、「おおむね三十分以内に必要なサービスが提供される圏域」であり、具体的には、中学校区を基本とする

さらに、

・サービス提供については、在宅サービス優先であって、施設サービスは補完的なものと位置づけられる

今後は高齢者ケアに関して在宅生活を主たるケアの場とする意味からも、軽装備の多様な住宅の供給が図られるとともに、地域包括ケアの理念を具現化する保健・医療・福祉の面でのさまざまな取り組みが確実に増えていくことになるだろう。

介護保険見直し法案の柱とは

実際、二〇一一（平成二十三）年六月には国会で介護保険見直し法案が可決成立した。

その最大の柱が「地域包括ケアシステム」の構築である。すなわち日常生活圏での保健・医療・福祉・住居の相互連携のための体制整備であり、次の五つの視点からのシステ

ム作りということができる。

①医療との連携強化
②介護サービスの充実強化
③予防の推進
④多様な生活支援サービスの確保
⑤高齢者の住まいの整備

これら個々の課題をおのおの十分に達成するとともに、それらが相互に関連し、連携し、さらに継続的に、すなわち入院、通院、在宅復帰を通じて切れ目なくサービスが提供されることがめざされなくてはならない。

とくに医療と介護の連携強化については、二十四時間対応の定期巡回・随時対応サービスの新たな創設が盛りこまれた。重度者を始めとした要介護高齢者の在宅生活を支えるために、日中、夜間を通じて、訪問介護と訪問看護との密接な連携をめざす。そのためにも介護人材の確保と介護サービスの質の向上を優先するとともに、これまで着実に実績を上げてきた小規模多機能型在宅介護と訪問介護などの複数の在宅サービスや地域密着型サービスを組み合わせて提供するシステムも同時に創設することになっている。

実際には、

介護支援専門員（ケアマネジャー）

医師

看護師

理学療法士（PT）

作業療法士（OT）

などが、それぞれ連携し、個々の高齢者の心身の状態や生活環境などの変化に応じて、継続的にフォローアップしていく「包括的・継続的マネジメント」がおこなわれることが重要となる。

また、医療・介護サービスのほか、それぞれの地域の支え合い活動などのインフォーマルなサービスを組み合わせて提供できるようなマネジメントが必要であるが、たとえば、二〇一一（平成二十三）年度に開始された「介護予防・日常生活支援総合事業」などは自治体が比較的自由度の大きな裁量権をもつことによって、サービスを利用する高齢者の視点に立って、切れ目のないサービス提供を可能とする施策などが導入されている。

「医療の福祉化」あるいは高齢者医療のノーマライゼーション

多くの読者はすでにお気づきのことと思うが、じつは「地域包括ケア」というのは、ある意味で福祉の領域ではすでに以前から理念として、あるいは一部具体的に実施されてきたしくみである。たとえば一九六〇年代以降、北米諸国から始まったノーマライゼーションの理念とそれにもとづく市民運動や施策がその代表的な例であろう。

ノーマライゼーションとは、障害者と健常者がお互い特別に区別することなく「できるだけノーマル（ふつう）に近い生活を提供すること」をめざした取り組みであるが、「ノーマルに近い生活」とは障害者であれ高齢者であれ、まさに住み慣れたわが家や地域で暮らしつづけることそのものといえる。

地域包括ケアシステムの本質とは、もっぱら病気の完治をめざす治療医学を主体とした「無病息災モデル」から、加齢に併存する慢性疾患や障害と共存し生活の質を維持し改善してゆく「一病息災モデル」への変換にほかならない。いわば病気の有無を健康の基準として考えてきた時代から、住み慣れた地域での生活の充実を健康とする価値への転換、すなわち「医療の福祉化」あるいは高齢者医療のノーマライゼーションともいえよう。

疾病中心の「無病息災モデル」から生活中心の「一病息災モデル」への転換は、必然的に医学をも変化させる。すなわち地域包括ケアシステムというのは医療も含めて（単に高齢者のみを対象とするのではなく）社会全体の福祉化ともいうべき大きな価値とシステムの変換期に入っているのであろう。

極論すれば、医療をも包含する社会全体での地域包括ケア化とは、けっして高齢社会にのみ適合するモデルでもなく、問題を克服する道具でもない。いわば保健・医療・福祉を中核とする地域社会全体の再構築をめざすグランドデザインともいうことができる。

国民的課題にほかならない

しかし、地域包括ケアシステムの新たな創設といっても簡単ではない。

――そもそもいったい地域とは何か？

イメージだけが先行し、よく考えてみるとその具体的な像が浮かばない。

――連携するサービスの担い手とは誰か？

連携とは美しい言葉ではあるが、いったいどこの誰が旗振り役になるか、見当がつかない。

――十分かつ理想的なシステムにかかるコストはどのくらいなのか？

施設であれ、地域であれ、良質のサービスには当然大きなコストが必要であろう。

――フォーマルとインフォーマルのサービスの整合性をどのように割り当てるのか？

役所任せというわけにはいかないことは、容易に想像できる。など、疑問は次から次へと生じる。

そもそも現代の地域社会は、過去に比べて希薄な、ある意味でいいかげんなつながりしか持ちえなくなってしまっている。大都市などではいっそうその傾向が強い。そこにいきなり「地域包括ケアシステム」などというものを持ちこんでも、効果的に機能する以前に過大な負担には耐えられない場合も多いだろう。

なにも江戸時代の「五人組」や第二次世界大戦中の「隣組」を復活させようとは思わない。しかし、「地域包括ケアシステム」の導入は、戦後の日本人の地域社会におけるかかわりやつながりの再構築もふまえた国民的課題にほかならないことを理解していただきたいのである。

介護型療養病床

医療の地域化・福祉化という点に関して、どうしても触れなければならないのが介護型療養病床の問題である。

国は、二〇〇六年の医療改革において「介護型の療養病床は二〇一一年度末で廃止し、他の介護保健施設などに転換する」と決定した（実際にはこの計画は実現のメドが立たなくなり、廃止を六年間猶予することとなっている）。

これは施設から在宅への大きな流れの一環であり、在宅ケア・在宅医療が十分なインフラ整備のもと機能することに異存はない。また一部療養病床での経営至上主義的な運営や、胃瘻の問題（一四六ページ参照）で述べたような、入院している終末期高齢者の尊厳やＱＯＬを損なう実態があったことも確かである。

しかし、私はほんとうに完全に介護型療養病床を廃止してしまってよいのかどうか疑問に感じている。

在宅ケア・在宅医療がもっとも望ましい選択肢のひとつであることに異論はない。けれども、さまざまな事情で在宅の生活がかなわない高齢者も（私の身近な人間も含めて）確実に存在する。医療とケアの両方が必要となる虚弱高齢者にたいして、「地域包括ケア」の理念のなかで在宅以外にどのような社会的受け皿を用意すべきなのか、もう一度考えてみることが必要なのではないだろうか。

かつては蛇蝎《だかつ》のごとく嫌われた「社会的入院」あるいは全廃の対象となっている介護型療養病床、いずれもたしかに失敗した面や（一部の）劣悪な医療があったことは否めない。しかしそれぞれの利点もまたあったはずであり、人生の終末期に良質なケアと医療を提供する場の選択肢として再考してもよいのではないかと、私は考えている。

チームアプローチが大事

話を戻そう。

地域包括ケアシステムの具体的第一歩は、改正介護保険制度（二〇〇六年度からの施行）であった。これまで実施されていた「老人保健法」による老人保健事業や、介護予防事業、地域支え合い事業などを再編し、「地域支援事業」として介護保険制度内に位置づけた。同時に関係者の連絡調整をおこない、サービスや支援のコーディネートの機能を担う中核拠点として、「地域包括支援センター」を創設したのである。

地域包括ケアをシステムとして機能させていくには、主として社会福祉の領域で発展してきたチームアプローチの手法が必要不可欠である。つまり、個々の高齢者の状況やその変化に応じて、適切にサービスが提供されるためには、支援にかかわる専門職が、自分の領域の活動を超え、協働してサービスを提供する「チームアプローチ」をおこなう必要があるということである。

チームアプローチが機能するには、支援にかかわる専門職（医師、理学療法士、作業療法士、看護師、保健師、薬剤師、社会福祉士、介護福祉士、ケアマネジャーなど）が自分の領域の活動をおこなうだけでなく、利用者の「生活の解決すべき問題」「目標」「達成までの期間」をチームメンバーが共有すること、さまざまな状況の変化にたいして各担当者の役割調整がおこなえるような連携をとる必要がある。このため、ケアマネジャーが中心となって開催するサービス担当者会議や地域包括支援センターによる包括的・継続的ケアマネジメント支援を活用することが重要となる。

地域包括ケアシステムの具体的視点としては、介護・医療・福祉・住宅の四つの要因が、身近な地域、すなわち日常生活圏域でいかに有機的に有効に活用されるかどうかである。とくに、これまでの高齢者の健康・福祉の課題のなかに「住宅」が重要な領域を占めていることは注目すべきである。

高齢者の住まい整備のため国は、厚生労働省と国土交通省の共同管理のもと、日常生活や介護に不安を抱く高齢者世帯にたいし、特養（特別養護老人ホーム）などの施設ではなく、あくまで住み慣れた地域で安心して暮らすことも可能とするような「サービス付き高齢者向け住宅」の制度を新たに創設した。高齢者が住み慣れた地域で最後まで自分らしく自立してゆくためにも「住宅」は不可避の必須条件であり、とくに急速に高齢化の進む首都圏や大都市圏などでは、早急な取り組みが求められているのである。ハウスメーカーや地域の工務店などの協力が不可欠であろう。

3 「生きがい」と「歩み」

やっかいなテーマ

どんな人間でも「生きがい」があってこそ生きてゆける。しかし科学にとって「生きがい」ほどやっかいなテーマはない。

私たちはふだんのなにげない会話で頻繁に「生きがい」を口にする。曰く「○○が生きがい」「生きがい作り」……。「生きがい」には、その本質的な部分に個人が感じる主観的充実感や満足感があることは疑いない。また健康が大きく寄与していることは明らかであろう。いったい「生きがい」とは何か？

日本語の「生きがい」に相当する最適な英語はないという。

Self-actualization（自己実現）
Purpose in life（人生の目的）
Subjective well-being（主観的幸福論）

どれも、微妙に違う。

科学的議論をするためには「生きがい」をなんらかの形で測定しなければならないのだが、残念ながらそのための妥当性のある尺度や定型化された質問票などは現在（これだけ重要な概念であるにもかかわらず）皆無である。

多くの先行研究から、自覚的な健康度（たとえば「痛みがある」、「動悸《どうき》、息切れがする」、あるいは「胃の具合が悪い」等々）が主観的幸福感あるいは「生きがい」と関連していることが報告されている。また、健康だけでなく、日々の生活上の自立（ＡＤＬ）、配偶者や子ども、あるいは孫との関係、あるいは地域での他者との付き合いなど、じつに多面的な要素が「生きがい」に強い関与を示していることが知られている。さらに、このような主観的充実感や満足感、あるいは健康度に加え、何かの社会的価値もまた「生きがい」の重要な要素である。

いずれにしても、漠然とではあっても、ある対象を心に思い浮かべるときに湧いてくる生活上の充実感、生きることへの前向きな意欲や感情が「生きがい」なのであろう。

多様化する「生きがい」

しかし仕事からの引退、薄れてゆく社会との関係、親しい者との別れ、みずからの心身の衰退が着実に訪れる人生の晩年期に、いかに最後まで（たとえ小さな対象であれ）「生きがい」をもちうるか、その共通の解を求めることは容易ではない。

おそらくひとついえることは、若い時からたとえば花鳥風月も含めて、さまざまな事柄への感性を研ぎ澄ますことが大切なことなのかもしれない。科学にとって「花鳥風月」をめでる心とは百八十度相反する概念かもしれないが、デカルト以来の要素還元的な解法だけでは求められない人生の豊かさや健康感を磨くことが、最後までみずからの尊厳を保つことに直結しているように思われてならない。

本書でも随所に述べているように、戦後のベビーブーム世代（団塊の世代）が年老いるにしたがって、高齢者はきわめて多様な集団となる。

彼らはわが国の敗戦→復興→繁栄という急激な社会変化のなかで成長し、高等教育の普及、国際化、総中流意識と大量消費、女性の地位向上と職場進出など、新しいライフスタイルの担い手として、日本の長寿社会化とともに歩んできた集団である。このことは「生きがい」が単純な加齢の影響ではなく、世代差に大きく修飾されていることを示し、注意しておく必要がある。

彼らの「生きがい」は、これまでになく多様で個性的な自己主張の強い新しいタイプのものとなるかもしれない。多くの自治体ではこれまでも高齢者の「生きがい」作り事業などをおこなってきているが、「生きがい」は今後より個人的で私的な要素が膨張し、これまでの行政（公権力）の介入する余地が縮小してゆく可能性が大きい。今後の新しい超高齢社会のなかで「生きがい」は個人的にはより重要となってゆく一方、科学的研究対象としてはより複雑化し、単純なモデルの類型化では把握しえない困難な課題となってゆくであろう。

エイジング・パラドクス

「生きがい」同様、必ずしも十分な科学的根拠が集積されているわけではないが、興味深く、また注目すべき高齢者の隠れた能力のひとつとして最近、エイジング・パラドクスと呼ばれる現象が知られるようになってきた。

エイジング・パラドクスというのは、一般に用いられている医学的あるいは心理学的測定によって表される高齢者のさまざまな機能が確実に低下しているにもかかわらず、実際の生活面ではよりよい順応性を示す現象である。

たとえば、一般的に記憶能力は加齢にともなって低下すると考えられている。実際、過去の記憶を思い出すような実験室での人工的な課題をおこなうと、その成績は若者よりも悪く、加齢とともに低下する。しかし、日常生活の場面での観察的研究からは、自己の記憶能力にたいする評価や現在を起点とする近未来の行動予定に関する記憶（これを「展望的記憶」と呼んでいる）は、ときに若者よりも高齢者のほうがよい成績を示すことが知られている。

たしかに後期高齢者にあっても往々に認められることであるが、サルコペニアなどによって身体機能が低下しているにもかかわらず、日常生活において十分にひとり暮らしを楽しめる高齢者は少なくない。こういった高齢者のもついわば不思議な能力や老いにたいする適応性のよさは、（若者にはない）これまで築いてきた自立生活への揺るぎない自信や日々を生活すること自体への生きがいといったものに裏打ちされたものなのかもしれない。

今後、高齢者が本質的にもっている潜在的能力についても、老年行動学や高齢期の超越的心理研究の分野から解明されることになるだろう。

歩ければこそ

周知のように、生物としてのヒトの最大の特徴は直立二足歩行である。

すなわち「歩く」ことは、ヒトのもっとも基本的で特徴的な動作であり、ヒトの一生を考えても、一歳ころにヨチヨチながらも「歩ける」ことから始まり、百歳を超えて限界寿命近くなったころに、ヨチヨチとなり「歩けなくなる」ことで、その一生を終えるのである。

「歩き、移動してゆくこと」は人生そのものなのである。だからこそ私たちは「人生の歩み」や「新たな人生の第一歩」など、つねに「人生」と「歩くこと」を結びつけているのであろう。

第五章1節でもくわしく述べたが、「老化は足から」の諺《ことわざ》どおり、年を取って身体機能の衰えや老いを真っ先に感じるのが、「歩く」能力と深くかかわっていることは昔から経験的に知られている。科学的に見てもこの事実は正しい。

高齢期では加齢にともない歩行速度は確実に遅くなる。たとえば男性では六十代では一分間に約八〇メートルの歩行速度であるが、九十代では約一〇パーセント遅いことが知られている。

歩行速度が日常生活との関係のなかで満足できるか否かは、横断歩道の歩行者信号が青のうちに渡りきれるか否かでおよその見当がつく。歩行者信号は一分間に六〇メートル(分速六〇メートル＝秒速一メートル)を標準として青信号の時間が設定されているが、これには根拠がある。わが国の高齢者を対象として東京都老人総合研究所などがおこなった多くの研究から、歩行速度が一秒に一メートル以下になるとさまざまな生活上の不具合が頻繁に起きてくることがわかっている。歩行速度が遅くなると転倒の発生頻度は高くなり、日常生活での動作能力は明らかに低下し、さらにその後(四〜五年後)の死亡率が高くなることが知られている。

じつは、今日のわが国の高齢者の調査からわかったことは、七十五歳の女性の平均歩行速度が、およそ分速六〇メートルなのである。このことは後期高齢期の女性の半数がさまざまな生活上の不具合を感じていることにほかならない。具体的な問題として、外出して街で買い物をしようとしても「ふつうに歩いては、青信号中に横断歩道を渡りきることができない」ということなのである。

超高齢社会をしっかり自立して生きてゆく第一歩は、いかに「歩ける」能力を維持するかということであるといってもけっして過言ではない。第四章でも詳細に述べたが、転倒を予防すること、尿失禁を予防すること、認知機能低下を予防すること、そして加齢にともなう筋肉量減少症（サルコペニア）を予防すること、これら高齢期の大切な生活を守るための予防はすべて歩行能力と密接に関連しているのである。いかに「歩く」能力、「歩けること」が重要であるかがご理解いただけるであろう。

世のなかに老化を止める薬はない。しかし、みずからの研究も含めて、あまたの研究成果からいえるのは、いつまでもしっかり歩けることが介護状態に陥ることを予防し、健康長寿を楽しむことの第一歩であり、「生きがい」の維持にもつながるということ。それだけはまちがいない。

むすびに

「死生観の空洞化」

一九七〇年代以降のわが国全体の繁栄、医療技術の著しい進歩にもとづく平均寿命の伸長、都会における住居問題と家族のありかた……。急速に変化した社会構造はまた、人生の終末期に関する日本人の文化的変容をもたらしたといっても過言ではない。

一九五〇年ころまではごく一般的であった自宅での死亡が、いまやその約九〇パーセントが病院での死亡に変わった。

「なかなか死ななくなった日本人」は、家族の死や自分の死をはるか遠く現実感の乏しいできごととしか感じられなくなった。かつては誰もが思いめぐらせざるをえなかった死が、日常生活からおよそ乖離してしまったのである。

メメント・モリ（死を想え）がまったく希薄化し非日常化してしまった。「死生観の空洞化」である。この由々しき事態は、たんに高齢者の死のありかたや死の場所にかかわる問題にとどまらない。私たち日本人の根幹にかかわる問題である。

昨今、江戸時代を舞台とした小説がもてはやされ、明治期の日本人の生きかたに多くの感動が寄せられる。

その最大の理由は、失われた「義理」や「礼節」もさることながら、彼らの「死生観」にどこかで魅《ひ》かれるからではなかろうか。つねに身近にあった「死」と彼らがどのように折り合いをつけてきたのか、かつての日本人がもっていた、あるいは自然と身につけざるをえなかった「死への潔さ」を現代人はふたたび模索しているように思われる。

負担と給付——「中負担中福祉」は可能か？

私は医療経済、あるいは財政的視点からの医療や介護のありかたについての専門家ではない。むしろ素人といってもいい。しかし、そんな私から見ても今日の高齢者を取り巻く負担と給付に関する問題が非常に深刻であることは、素人なりによく理解できる。

これまでの一九七〇年代を中心とした高齢化社会の進行していたころの日本、それはまさに経済が右肩上がりであり、バブルの絶頂期を迎えようとする時代でもあった。そんな時代には、高齢者が多少増えようと、社会保障費が徐々に増加しようとも、世界ナンバー2の強大な経済大国日本では何の問題もないと、為政者も、官僚もそして国民もみなそう思っていた。

しかし、現実にバブルがはじけ、右肩上がりの経済がしぼみ始め、収入が落ち込み始めると、過去の大量消費文化にどっぷりとつかったわれわれは巨額な医療費・介護費を始めとする現在と今後の社会負担の凄《すさ》まじさとそのリアリティに愕然とし、ただただ戸惑っているだけである。

政治もまた混乱を続け、何ひとつ有効な手立てを打ち出せぬまま、今や高齢社会を迎え、国の財政として莫大な負債を抱える借金大国という状況の中で、高齢社会のさまざまな問題の解決策を考える事態となった。今後、超高齢社会を迎えるにあたり、この国の膨大な借金と急増する高齢者の社会保障費をどうするのか、まさに議論百出である。しかしひとつだけいえることは、これまでわが国がおこなってきた「低負担中福祉」という、負担は少なくサービス量は比較的多くという、いわばパラダイスのようなことはけっしてもうありえないということである。より多くを望むサービスには対価が必要なのである。

そのようなかなり危機的な経済状況の中で、高齢期を迎える、あるいは迎えたわれわれはどうすればよいのだろうか。

答えは自助努力と選択、あるいは自己決定であろう。

中年期からの疾病の予防のためにも、あるいは高齢期における介護の予防のためにも、健診を定期的に受け（じつはこの、国民の誰もが安価で、比較的高レベルの健診を受診できるしくみもまたわが国の素晴らしい財産なのであるが）、早期発見・早期対応により、リスクを低減あるいは解消するための自助努力が最も重要である。

さらにくわえて、取りうる治療やサービスの自己決定にもとづく選択ということも今後は重要になる。わが国では医療も介護も契約に基づく保険制度であり、総じて良好なサービスが提供されている（と私は考えている）。しかしそのサービスは決して青天井になるわけではなく、ある一定のキャップ（限度）を被《かぶ》せることは避けられない。

ある一定以上のサービスを選択する場合には、いわば受益者負担の原則にのっとって自己負担が発生することも、国民的合意を得ておかなければならないと私は考えている。強いていわせてもらうならば、今後のわが国においては、巨大な借金と少子高齢化という二大要因の中で（関連する要因によって多少の変動はあるにせよ）、いわば「中負担中福祉」を実現することは難しく、ややもすれば「中負担低福祉」を選択するか、あるいは「高負担中福祉」を選択するかの覚悟を決めざるをえないと思っている。

いまこそ科学的根拠にもとづいて

高齢者が安心して暮らし、満足して一生を終えるありかたとして、住み慣れた地域や自宅で生活し、日常のなかでケアや医療を受け、そして終末期を迎える「在宅療養」が重視されようとしている。

この方向性は、単に高齢者医療費の抑制という経済的目的のみならず、七割以上の国民が医療を受けたあとの退院後のケアの場として、あるいは人生の終末の場として自宅を望ましいと考えている事実（総理府調査による）に応えうる受け皿としてもかなうものであろう。

いまや国民一人ひとりが、個人として望ましい終末期や死をどう考え、具体的に死をどのように迎え、さらに今後のわが国に起こるであろう集団としての大量死とどう向かい合っていくのか、いわば「死生学」の充実が求められている。

「ミネルバのフクロウは夕暮れに初めて飛びはじめる」というヘーゲルの言葉がよく知られている。これは女神ミネルバの智恵の使いであるフクロウが、昼間に生じるさまざまな現実社会の形成過程を俯瞰し、そこに生じた智恵を集約することのメタファーであるが、高齢者の健康と自立、そして尊厳を視点とする新たな（超）高齢社会の形成においても同様のプロセスがあるのだろう。

さまざまな議論と智恵が必要である。しかし今後のみずからが暮らす社会にたいする悲観論や社会の失活化をいいつのるのは、なんら建設的智恵を生み出さない。一方で根拠なき楽観論は大きな失望につながるだけである。

いまこそ科学的根拠にもとづく高齢者の健康施策を基盤として、応分の実力と身の丈に合った息の長い（持続可能な）高齢社会をめざして、合意形成をめざす時を迎えている。

本書がそれにわずかでも役に立てばこれ以上のよろこびはない。

あとがき

本書では今後の高齢社会の進展にともなう、
・高齢者の健康度の改善と虚弱化・死亡の先送り
・疾病構造の変化と医療技術の進歩がもたらした光と影
・疾病予防と介護予防の必然性と明確化
・国民の医療と福祉にたいする価値観の多様化
そしてなにより、
・高齢者本人の自助努力による自立と尊厳の確立
など広汎なテーマについて、できるだけ科学的データを織りこみながら概観してきた。

活力のある健全な前期高齢者が着実に増加する一方で、加齢にともない確実に生じるさまざまな老年症候群、要介護高齢者と認知症高齢者の急増、そして後期高齢期での避けられない虚弱化など、不健康長寿期間を乗り越えるための覚悟が必要な時代となったことは明らかである。

私事で恐縮であるが、私が老年学・老年医学に携わるようになったのは、一九九〇年に東京都老人総合研究所に赴任してからである。翌年には、わが国で唯一の老化に関する長期縦断疫学研究の立ち上げに参加し、現在にいたるまでその対象となっている方々を二十年以上にわたり追跡している。

現在の国立長寿医療研究センターの研究所に移ったのは、二〇〇八年であるが、この二つの研究機関はいずれもわが国の老化・長寿に関する代表的研究機関であり、その両方で高齢者の不健康をもたらす数多くの危険因子（リスク）の解明とその具体的な予防方法について研究を継続させていただいたことを、心からありがたいことだと思っている。

二十年以上にわたり高齢者の健康の維持・増進に関して科学的根拠を一つ一つ積み重ねてきたが、当然のことながら、それにはじつに多くの方々のご指導、ご協力がなければとてもひとりではできないことであった。本来であれば、いっしょに研究に携わったすべての方々のお名前を挙げて感謝の意を申しあげなければならないのだが、紙幅の制約もありお許しをいただきたいと思っている。

今回、新書というかたちで、多くの志を同じくする方々と取り組んできた高齢者の保健・医療・福祉の今日的な現状を概観し、近い将来の超高齢社会について問題提起する機会を与えられたことは、ほんとうにありがたく思う。一方、私の理解不足のため勝手な解釈や誤解にもとづく部分、あるいは独断と偏見による記述も少なからずあるかもしれない。それらも含め、ご批判とご意見を賜れば幸いと思っている。

最後になったが、講談社学芸局の横山建城氏には二年以上にわたって、辛抱強くお待ちいただくとともに、本書の企画や出版についてもたいへんな労力を強いたことに心からお詫びとお礼を申しあげたい。また本書の最後の追い込みに際しては、同現代新書出版部の森田康氏に多くのアドバイスをいただいたことに感謝する。

二〇一一年十二月

鈴木　隆雄

主な参考文献（邦文は五十音順、英文は年代順）

阿部文彦「老年医学と後期高齢者医療制度」『Geriatric Medicine』四九‐一、二〇一一年
伊藤周平『後期高齢者医療制度―高齢者からはじまる社会保障の崩壊』平凡社新書、二〇〇八年
伊藤道哉・濃沼信夫「終末期における医療供給体制の課題」『保健医療科学』五五‐三、二〇〇六年
岩尾総一郎「終末期の医療・介護と尊厳死をめぐる課題と展望」『公衆衛生』七五‐四、二〇一一年
大島伸一「在宅医学の展望」『日在医会誌』一二、二〇一〇年
大森彌「超高齢社会における介護保険制度の展望」『公衆衛生』七五‐四、二〇一一年
小澤利男『老年医学と老年学―老・病・死を考える』ライフ・サイエンス、二〇〇九年
春日キスヨ『変わる家族と介護』講談社現代新書、二〇一〇年
金憲経、鈴木隆雄他「地域在宅高齢者におけるサルコペニア改善のための運動、アミノ酸補充の効果」『アミノ酸研究』四‐一、二〇一〇年
国際長寿センター（ILC-Japan）「高齢社会を生きる（Aging-Our Global Relations）」ＩＬＣ、二〇一一年
古谷野亘「生きがいの探求」『生きがい研究』一五、二〇〇九年
近藤克則編『検証「健康格差社会」―介護予防に向けた社会疫学的大規模調査』医学書院、二〇〇七年
佐藤幹夫『ルポ高齢者医療―地域で支えるために』岩波新書、二〇〇九年
柴田博編『老人保健活動の展開』医学書院、一九九二年
島崎謙治『日本の医療―制度と政策』東京大学出版会、二〇一一年
鈴木一夫「秋田県の脳卒中危険因子の変遷」『日本循環器病予防学会誌』四三、二〇〇八年
鈴木隆雄「地域高齢者の余命の規定要因―学際的縦断研究 TMIG-LISA から」『日本老年医学誌』三八、二〇〇一年
鈴木隆雄『「老化の予防」がわかる本―すこやかに長生きしたい中高年のための』技術評論社、二〇〇五年

鈴木隆雄「健康寿命の概念とその延伸法および疾患との関係」『新老年学』第3版、二〇一〇年
鈴木隆雄監修・島田裕之編『サルコペニアの基礎と臨床』真興交易医書出版部、二〇一一年
田中平三「巻頭言」『ジェロントロジー　NEW HORIZON』一五-三、二〇〇三年
東京都老人総合研究所編「介護予防主任運動指導員養成講座テキスト」東京都高齢者研究・福祉振興財団、二〇〇六年
東京都老人総合研究所編『サクセスフル・エイジング―老化を理解するために』ワールドプランニング、一九九八年
東京都老人総合研究所編「老年学公開講座」資料　第七九回（二〇〇四年）、第八一回（二〇〇五年）、第九二回（二〇〇七年）
鳥羽研二『ウィズ・エイジング―何歳になっても光り輝くために…』グリーン・プレス、二〇一一年
永田宏『命の値段が高すぎる！―医療の貧困』ちくま新書、二〇〇九年
二木立「二木立の医療経済・政策学関連ニューズレター」八五、二〇一一年八月一日（http://www.inhcc.org/jp/research/news/niki/）
蓮花のぞみ「展望的記憶における年齢と関係したパラドックスに関する研究の動向」『生老病死の行動科学』一三、二〇〇八年
長谷川明弘他「高齢者の『生きがい』とその関連要因についての文献的考案」『総合都市研究』七五、二〇〇一年
平成二二年度老人保健健康増進等事業シンポジウム「食べられなくなったらどうしますか？―認知症のターミナルケアを考える」『日本老年医学会』二〇一一年
松村眞吾「『高齢者医療制度』再設計の視点」『JAHMC』八、二〇一〇年
吉田あつし『日本の医療のなにが問題か』NTT出版、二〇〇九年
Kim H, Suzuki T, et al.: The effects of exercise and amino-acid supplementation on body composition and physical function in community-dwelling elderly Japanese sarcopenic women: A randomized controlled trial. *J Am Geriat Soc.* (In press) 2011

Kim H, Yoshida H, Suzuki T : The effect of multidimensional exercise on functional decline, urinary incontinence, and fear of falling in community-dwelling elderly women with multiple symptoms of geriatric syndrome: A randomized controlled and 6-month follow-up trial. *Arch Gerontol Geriat*. 52 : 99-105, 2011

Makizako H, Shimada H, Suzuki T, et al.: The association between decline in physical functioning and atrophy of medial temporal areas in community-dwelling older adults with amnestic and non-amnestic mild cognitive impairment. *Arch Phys Med Rehabil*. (In press) 2011

Suzuki T, Shimada H, Makizako H, et al.: A randomized controlled trial of a multicomponent exercise in older adults with mild cognitive impairment. (In submission, 2011)

Suzuki T, Yoshida H: Low bone mineral density at femoral neck is a predictor of increased mortality in elderly Japanese women. *Osteoporos Int*. 21:71-79, 2010

Shimada H, Kim H, Suzuki T, et al.: Relationship between age-associated changes of gait and falls and life-space in elderly people. *J Phys Ther Sci*. 22 : 419-424, 2010

Suzuki T, Kwon J, Kim H, et al.: Low serum 25-hydroxyvitamin D levels associated with falls among Japanese community-dwelling elderly. *J Bone Miner Res*. 23: 1309-1317, 2008

Shimada H, Suzuki T, Kimura Y, et al.: Effects of an automated stride assistance system on walking parameters and muscular glucose metabolism in elderly adults. *Br J Sports Med*. 42: 622-629, 2008

Iwasa H, Gondo Y, Suzuki T, et al.: Cognitive performance as a predictor of functional decline among the non-disabled elderly dwelling in a Japanese community: A 4-year population-based prospective cohort study. *Arch Gerontol Geriat*. 47: 139-149, 2008

Kubo M, Hata J, Kiyohara Y, et al.: Secular trends in the incidence of and risk factors for ischemic stroke and its subtypes in Japanese population. *Circulation*, 118:2672-2678, 2008

Kwon J, Suzuki T, Yoshida H, et al.: Concomitant lower serum albumin and vitamin D levels are associated with decreased objective physical performance among Japanese community-dwelling elderly. *Gerontology*, 53: 322-328, 2007

Iwasa H, Yoshida H, Suzuki T, et al.: A mortality comparison of participants and non-participants in a comprehensive health examination among elderly people living in an urban Japanese community. *Aging Clin Exp Res.* 19(3): 240-245, 2007

Kusumoto A, Suzuki T, Yoshida H, et al.: Intervention study to improve Quality of Life and health problems of community-living elderly women in Japan by shoe filling and custom-made insoles. *Gerontology*, 53: 110-118, 2007

Kim H, Suzuki T, Yoshida H: Effectiveness of multidimensional exercises for the treatment of stress urinary incontinence in elderly community-dwelling Japanese women: A randomized, controlled, and cross-over trial. *J Am Geriat Soc.* 55: 1932-1939, 2007

Ishizaki T, Yoshida H, Suzuki T, et al.: Effects of cognitive function on functional decline among community-dwelling non-disabled older Japanese. *Arch Gerontol Geriat.* 42: 47-58, 2006

Kwon J, Suzuki T, Kumagai S, et al.: Risk factors for dietary variety decline among Japanese elderly in a rural community: A 8-year follow-up study from TMIG-LISA. *Eur J Clin Nut.* 30: 60: 305-311, 2006

Iwasa H, Kawaai C, Suzuki T, et al.: Subjective well-being as a predictor of all-cause mortality among middle-aged and elderly people living in an urban Japanese community: A seven-year prospective cohort study. *Geriat Gerontol Int.* 6: 216-222, 2006

Orimo H, Ito H, Suzuki T, et al.: Reviewing the definition of “elderly”. *Geriat Gerontol Int.* 6: 149-158, 2006

Yoshimura N, Suzuki T, Hosoi T, et al.: Epidemiology of hip fracture in Japan: Incidence and risk factors. *J Bone Miner Metab.* 23: Supple 78-80, 2005

Suzuki T, Kim H, Yoshida H, et al.: Randomized controlled trial of exercise intervention for the prevention of falls in community-dwelling elderly Japanese women. *J Bone Miner Metab.* 22: 602-611, 2004

Shimada H, Obuchi S, Furuna T, Suzuki T: New intervention program for preventing falls among frail elderly people: The effects of perturbed walking exercise using a bilateral separated treadmill. *Am J Phys Med Rehab.* 83: 493-499, 2004

Fujiwara Y, Shinkai S, Suzuki T, et al.: Longitudinal changes in higher-level functional capacity of an older population living in a Japanese urban community. *Arch Gerontol Geriat.* 36: 141-153, 2003

Suzuki T, Yoshida H, Kim H, et al.: Walking speed as a good indicator for maintenance of I-ADL among the rural community elderly in Japan: A 5-year follow-up study from TMIG-LISA. *Geriat Gerontol Int.* 3: S6-14, 2003

Suzuki T, Shibata H: An introduction of The TMIG-LISA (1991-2001). *Geriat Gerontol Int.* 3: S1-4, 2003

Kim H, Suzuki T, Iwasa H, et al.: A prospective study of the effects of regular sports practice on mortality among the elderly in a rural community in Japan. *Geriat Gerontol Int.* 3: S15-20, 2003

Kumagai S, Watanabe S, Suzuki T, et al.: An intervention study to improve the nutritional status of functionally competent community-living senior citizens. *Geriat Gerontol Int.* 3: S21-26, 2003

Kubo M, Kiyohara Y, Kato I, et al. : Trends in the incidence, mortality, and survival rate of cardiovascular disease in a Japanese community. The Hisayama Study. *Stroke*, 34:2349-2354, 2003

講談社現代新書　2138

超《ちょう》高《こう》齢《れい》社《しゃ》会《かい》の基《き》礎《そ》知《ち》識《しき》

二〇一二年一月二〇日第一刷発行　二〇一七年一一月一五日第五刷発行

著者　鈴《すず》木《き》隆《たか》雄《お》　

発行者　鈴木　哲
発行所　株式会社講談社
東京都文京区音羽二丁目一二―二一　郵便番号一一二―八〇〇一
電話　〇三―五三九五―三五二一　編集（現代新書）
〇三―五三九五―四四一五　販売
〇三―五三九五―三六一五　業務
装幀者　中島英樹
印刷所　凸版印刷株式会社
製本所　株式会社大進堂
定価はカバーに表示してあります　Printed in Japan

N.D.C. 491　201p　18cm
ISBN978-4-06-288138-8

「講談社現代新書」の刊行にあたって

教養は万人が身をもって養い創造すべきものであって、一部の専門家の占有物として、ただ一方的に人々の手もとに配布され伝達されうるものではありません。

しかし、不幸にしてわが国の現状では、教養の重要な養いとなるべき書物は、ほとんど講壇からの天下りや単なる解説に終始し、知識技術を真剣に希求する青少年・学生・一般民衆の根本的な疑問や興味は、けっして十分に答えられ、解きほぐされ、手引きされることがありません。万人の内奥から発した真正の教養への芽ばえが、こうして放置され、むなしく滅びさる運命にゆだねられているのです。

このことは、中・高校だけで教育をおわる人々の成長をはばんでいるだけでなく、大学に進んだり、インテリと目されたりする人々の精神力の健康さえもむしばみ、わが国の文化の実質をまことに脆弱なものにしています。単なる博識以上の根強い思索力・判断力、および確かな技術にささえられた教養を必要とする日本の将来にとって、これは真剣に憂慮されなければならない事態であるといわなければなりません。

わたしたちの「講談社現代新書」は、この事態の克服を意図して計画されたものです。これによってわたしたちは、講壇からの天下りでもなく、単なる解説書でもない、もっぱら万人の魂に生ずる初発的かつ根本的な問題をとらえ、掘り起こし、手引きし、しかも最新の知識への展望を万人に確立させる書物を、新しく世の中に送り出したいと念願しています。

わたしたちは、創業以来民衆を対象とする啓蒙の仕事に専心してきた講談社にとって、これこそもっともふさわしい課題であり、伝統ある出版社としての義務でもあると考えているのです。

一九六四年四月　野間省一

政治・社会

1145 冤罪はこうして作られる　小田中聰樹
1201 情報操作のトリック　川上和久
1488 日本の公安警察——青木理
1540 戦争を記憶する——藤原帰一
1742 教育と国家——高橋哲哉
1965 創価学会の研究——玉野和志
1969 若者のための政治マニュアル——山口二郎
1977 天皇陛下の全仕事——山本雅人
1978 思考停止社会——郷原信郎
1985 日米同盟の正体——孫崎享
2053 〈中東〉の考え方——酒井啓子
2059 消費税のカラクリ——斎藤貴男

2068 財政危機と社会保障——鈴木亘
2073 リスクに背を向ける日本人　山岸俊男　メアリー・C・ブリントン
2079 認知症と長寿社会——信濃毎日新聞取材班
2110 原発報道とメディア——武田徹
2112 原発社会からの離脱　宮台真司　飯田哲也
2115 国力とは何か——中野剛志
2117 未曾有と想定外——畑村洋太郎
2123 中国社会の見えない掟　加藤隆則
2130 ケインズとハイエク　松原隆一郎
2135 弱者の居場所がない社会　阿部彩
2138 超高齢社会の基礎知識　鈴木隆雄
2149 不愉快な現実——孫崎享
2152 鉄道と国家——小牟田哲彦

2176 JAL再建の真実——町田徹
2181 日本を滅ぼす消費税増税——菊池英博
2183 死刑と正義——森炎
2186 民法はおもしろい——池田真朗
2197 「反日」中国の真実——加藤隆則
2203 ビッグデータの覇者たち——海部美知
2232 やさしさをまとった殲滅の時代　堀井憲一郎
2246 愛と暴力の戦後とその後——赤坂真理
2247 国際メディア情報戦——高木徹
2276 ジャーナリズムの現場から　大鹿靖明　編著
2294 安倍官邸の正体——田﨑史郎
2295 福島第一原発事故7つの謎　NHKスペシャル『メルトダウン』取材班
2297 ニッポンの裁判——瀬木比呂志

自然科学・医学

心理・精神医学

日本語・日本文化

105 タテ社会の人間関係　中根千枝
293 日本人の意識構造——会田雄次
444 出雲神話——松前健
1193 漢字の字源——阿辻哲次
1200 外国語としての日本語——佐々木瑞枝
1239 武士道とエロス——氏家幹人
1262 「世間」とは何か——阿部謹也
1432 江戸の性風俗——氏家幹人
1448 日本人のしつけは衰退したか——広田照幸
1738 大人のための文章教室　清水義範
1943 なぜ日本人は学ばなくなったのか——齋藤孝
2006 「空気」と「世間」——鴻上尚史
2007 落語論——堀井憲一郎
2013 日本語という外国語　荒川洋平
2033 新編　日本語誤用・慣用小辞典　国広哲弥
2034 性的なことば——井上章一　斎藤光　澁谷知美　三橋順子　編
2067 日本料理の贅沢——神田裕行
2088 温泉をよむ——日本温泉文化研究会
2092 新書　沖縄読本——下川裕治　仲村清司　著・編
2127 ラーメンと愛国——速水健朗
2137 マンガの遺伝子——斎藤宣彦
2173 日本人のための日本語文法入門——原沢伊都夫
2200 漢字雑談——高島俊男
2233 ユーミンの罪——酒井順子
2304 アイヌ学入門——瀬川拓郎